MW01633526

La fe
de
Jesús

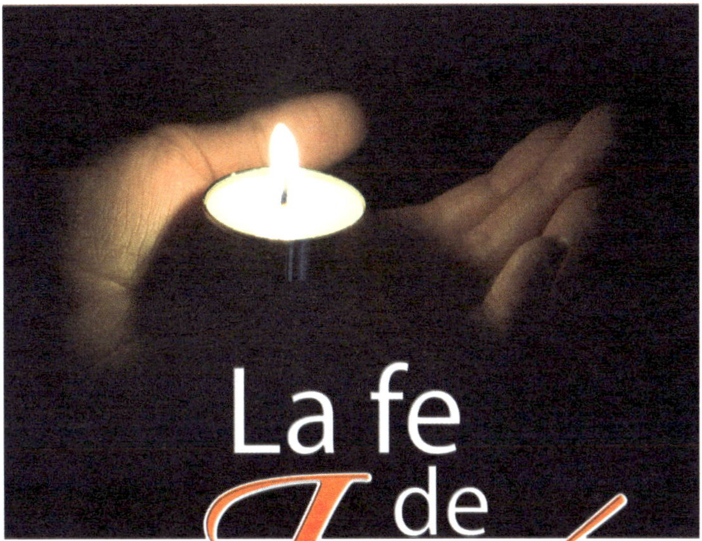

La fe de Jesús

Carlos E. Aeschlimann H.

La fe de Jesús
es una coproducción de

Asociación Publicadora Interamericana
2905 NW 87 Ave. Doral, Florida 33172, EE. UU.
tel. 305 599 0037 - fax 305 592 8999
mail@iadpa.org - www.iadpa.org

GEMA EDITORES
Agencia de Publicaciones México Central, A.C.
Uxmal 431, Col. Narvarte, Del. Benito Juárez,
México, D.F. 03020
tel. (55) 5687 2100 - fax (55) 5543 9446
ventas@gemaeditores.com.mx - www.gemaeditores.com.mx

Diseño de portada y diagramación
Kathy Polanco

En esta obra las citas bíblicas han sido tomadas de la Reina-Valera 1995 © Sociedades Bíblicas Unidas

En las citas bíblicas, salvo indicación en contra, todos los destacados (cursivas, negritas) siempre son del autor o el editor.

Las citas de los obras de Elena G. De White se toman de las ediciones actualizadas de GEMA / APIA, caracterizadas por sus tapas color marrón, o, en su defecto, de las ediciones tradicionales de la Biblioteca del Hogar Cristiano de tapas color grana. Dada la diversidad actual de ediciones de muchos de los títulos, las citas se referencian no solo con la página, sino además con el capítulo.

ISBN: 978-1-57554-832-6

Impresión y encuadernación
3 Dimension

Impreso en EE.UU.
Printed in USA

2ª edición: diciembre 2013

Procedencia de las ilustraciones: ©Digitalstockx, ©Fotosearch, ©APIA

Presentación

Entre los mayores anhelos y necesidades del ser humano está el de conocer a Dios y su voluntad. Pero en esta era saturada de información la mente puede llegar a sentirse abrumada y perpleja tratando de discernir "la sana doctrina" (1 Timoteo 1:10) de la que hablan las Sagradas Escrituras.

Con el propósito de satisfacer esta necesidad publicado LA FE DE JESÚS, que es un resumen de las doctrinas cristianas expuestas en forma clara y concisa. Con la ayuda de este compendio, quien anhela conocer la voluntad de Dios podrá escudriñar el Libro Sagrado y, como el hombre de la parábola de Jesús, hallará el tesoro escondido (S. Mateo 13: 44). El tesoro es el conocimiento de Dios, revelado en su Hijo Jesucristo: "Y esta es la vida eterna: que te conozcan a ti, el único Dios verdadero, y a Jesucristo, a quien has enviado" (S. Juan 17:3).

Quienes conocen LA FE DE JESÚS, saben que es un clásico de probada eficacia. Su autor, el pastor Carlos E. Aeschlimann, fue un evangelista poderoso y sabio en la obra de llevar a las personas a los pies del Salvador. Millares han encontrado en este compendio de las doctrinas cristianas la guía que necesitaban para tener la seguridad de que su fe descansaba en el fundamento establecido por nuestro Señor Jesucristo, los apóstoles y los profetas.

Ahora presentamos LA FE DE JESÚS revisada y actualizada por el renombrado erudito y escritor, Dr. Loron Wade. Sus largos años como profesor de teología y exégeta de las Escrituras dan al Dr. Wade la capacidad de proporcionar renovado lustre a esta valiosa serie de estudios bíblicos.

Que las bendiciones prometidas por Dios a los que estudian el Santo Libro y practican sus enseñanzas, desciendan sobre usted, es el deseo de

LOS EDITORES

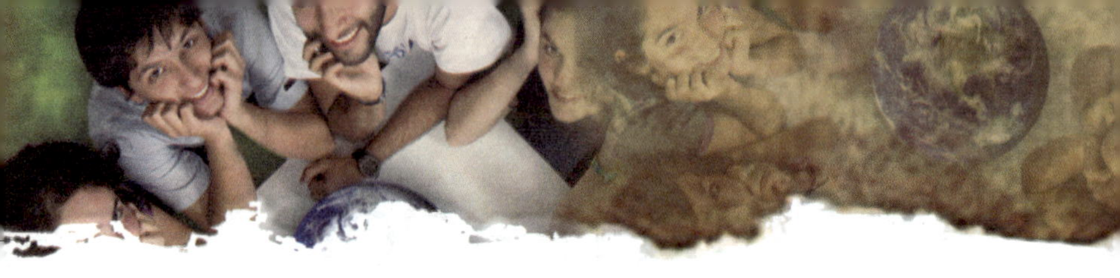

Contenido

Página

1
Lo que la Biblia enseña de Dios

Dios

1. ¿Cuántos dioses hay? Efesios 4:6

2. ¿Cuál es la naturaleza de Dios? S. Juan 4:24

3. ¿Cuáles son las tres divinas personas de la Trinidad? 2 Corintios 13:14

4. ¿Cómo es el carácter de Dios? 1 S. Juan 4:8

Dios y el ser humano

5. ¿Cómo nos considera Dios? 1 S. Juan 3:1,2

6. ¿Se preocupa Dios por nuestros problemas? Salmo 40:1-3 1; S. Pedro 5:7

¿Qué debo hacer?

1. Respetar el nombre de Dios. Éxodo 20:7
2. Obedecer a Dios. Hechos 5:29
3. Poner a Dios en primer lugar. S. Mateo 6:33
4. Amar a Dios de todo corazón. S. Mateo 22:37

Mi resolución

*Creo en **Dios Padre, el Hijo y el Espíritu Santo.***
Estoy dispuesto a amarlo y obedecerlo como Padre celestial.

- ✍ **Hay un solo Dios** (1 Corintios 8:6).
- ✍ **Manifestado en tres Personas** (S. Mateo 28:19).
- ✍ **Creador del universo** (Génesis 1:1; Isaías 45:18; Hebreos 1:10).
- ✍ **Algunas características de Dios.** Es inmortal (1 Timoteo 6:16); es espíritu (S. Juan 4:24); es eterno (Isaías 57:15); es amor (1 S. Juan 4:8).
- ✍ **¿Cómo se revela Dios?** En la naturaleza (Salmo 19:1); en la Biblia (Romanos 16:26; Apocalipsis 1:1); en el Señor Jesús (S. Juan 1:18).
- ✍ **Dios es nuestro Padre.** Se preocupa de nuestros problemas (Salmo 46:1); nos soporta con misericordia (Salmo 103:10); nos consuela en el dolor (2 Corintios 1:3,4); suple todo lo que nos falta (Salmo 23:1; Filipenses 4:19).
- ✍ **Nuestra actitud hacia Dios.** Debemos confiar en él y amarlo supremamente (Isaías 12:2, Deuteronomio 6:5); echar toda nuestra ansiedad sobre él (1 S. Pedro 5:7); guardar sus mandamientos (Eclesiastés 12:13).

NECESIDAD DE DIOS

La peor desgracia de la humanidad es que se ha alejado de Dios. El profeta Jeremías habla de la gravedad de ese error: "Dos males ha hecho mi pueblo. Me dejaron a mí, fuente de agua viva, y cavaron cisternas, cisternas rotas que no retienen el agua" (Jeremías 2:13).

La única solución es volver a Dios. El Dr. Andrew Ivy, renombrado médico, y exprofesor de la Universidad de Illinois, Estados Unidos, dijo: "Creer en Dios proporciona el único, el más completo, esencial y racional significado a la existencia".

El filósofo Thomas Kelly escribió: "La mayor necesidad del ser humano no es la de alimento, ni de ropa, ni techo, por importante que todo eso sea. Nuestra mayor necesidad es de Dios. Hemos confundido la naturaleza de la pobreza, creyendo que era solamente económica. Pero es mucho mayor la pobreza de un alma separada de la paz amorosa y recreadora de Dios. Examina el problema de la pobreza y considera si realmente estamos alcanzando las necesidades más profundas de la persona con nuestros proyectos de reforma económica. Estos son importantes, pero el primer paso para una verdadera reforma es una vida santa, una vida transformada y hecha radiante por el reflejo de la gloria de Dios" (*A Testament of Devotion*).

Lo maravilloso es que apenas damos un paso hacia Dios, encontramos que nos está esperando con un corazón rebosante de amor y misericordia (S. Lucas 15:20; Efesios 2:4,5).

LA EXISTENCIA DE DIOS

Algunos dicen: "No creo en Dios, porque no lo veo". Pero hay muchas cosas en las cuales creemos sin verlas; por ejemplo: la electricidad, el viento, el amor.

Otros dicen: "No creo en Dios, porque no lo entiendo". Un sabio caminaba por una playa pensando en cómo comprender a Dios. En eso, vio a un niño que sacaba agua del mar con un caracol y la vaciaba en un pozo abierto en la arena.

—¿Qué estás haciendo, hijito? —le preguntó.

—Quiero vaciar el mar en este pozo —respondió el niño.

—¡Ah! —se dijo el sabio— es lo que intento yo; quiero vaciar el infinito océano de Dios en mi mente finita.

¿Quiénes no creen en Dios? "Dice el necio en su corazón: 'No hay Dios'" (Salmo 14:1).

¿Qué dicen los científicos acerca de Dios? Sir Isaac Newton, el famoso descubridor de la ley de la gravitación universal, declaró: "El orden admirable del Sol, de los planetas y de los cometas no pudo proceder sino del plan y según la orientación de un ser omnisciente y omnipotente. De ahí se sigue que Dios se halla, en efecto, por encima de todo y de todos, y es infinitamente sabio y poderoso".

CONFIANZA EN DIOS

Werner von Braun, un ingeniero aeroespacial, dijo: "Nuestra necesidad de Dios no se basa solamente en la admiración y el temor. El hombre necesita fe así como precisa alimento, agua y aire". En la Biblia hay maravillosas promesas para quienes confían en Dios. "Todas las cosas obran para el bien de los que aman a Dios" (Romanos 8:28). "Si Dios está por nosotros, ¿quién contra nosotros?" (Romanos 8:31). Dios puede suplir todas nuestras necesidades (Filipenses 4:19).

¿Cómo debemos responder ante la grandeza del amor de Dios? Debemos anhelar su presencia de todo corazón (Salmo 42:1). Debemos obedecerlo y guardar sus mandamientos (Eclesiastés 12:13); buscarlo antes que cualquier otra cosa en la vida (S. Mateo 6:33) y amarlo de todo corazón (S. Mateo 22:37,38).

Félix de Nola se encontraba en las montañas, huyendo de enemigos que lo perseguían por su fe cristiana. Llegó a una cueva y se refugió en ella. Una araña tejió una tela que cubrió la entrada a la gruta. Los perseguidores al ver la telaraña pasaron de largo. Entonces Félix dijo: "Donde está Dios, la telaraña es una muralla; donde no está, la muralla no es más que una telaraña".

2
Lo que la Biblia enseña de sí misma

Revelada por Dios

1. ¿Quién inspiró las Sagradas Escrituras? 2 Timoteo 3:16

2. ¿Quiénes recibieron la revelación? Hebreos 1:1

Fuente de orientación y soluciones

3. ¿Con qué se compara a la Santa Biblia? Salmo 119:105

4. ¿Qué beneficio proporciona el estudio de la Santa Biblia? 2 Timoteo 3:15-17

5. ¿Qué bendiciones nos ofrece la Santa Biblia? Romanos 15:4

6. ¿Cuánto tiempo perdurará la Palabra de Dios? Isaías 40:8

¿Qué debo hacer?

1. Leer la Biblia todos los días. Deuteronomio 17:19
2. Estudiarla con oración y gran interés. S. Juan 5:39
3. Aceptarla con gozo y alegría. Jeremías 15:16
4. Practicar fielmente sus enseñanzas. Apocalipsis 1:3

Mi resolución

*Creo que **la Santa Biblia es inspirada por Dios**.*
Me propongo estudiarla diariamente y seguir sus enseñanzas.

- ✍ **La Biblia es fuente de verdad** (S. Juan 17:17). Fue inspirada por Dios y el Espíritu Santo (2 Samuel 23:2; 2 Pedro 1:19-21). Por lo tanto, no hay que rechazar sus enseñanzas (1 Samuel 15:23).
- ✍ **La Biblia tiene poder para transformar la vida** (Hebreos 4:12). Produce renacimiento y crecimiento espirituales (1 S. Pedro 1:23; 2:2).
- ✍ **La Biblia contiene notables hechos científicos.** La tierra cuelga en el vacío (Job 26:7). El aire tiene peso (Job 28:25). El número de las estrellas es incalculable (Jeremías 33:22).
- ✍ **Hay que estudiar la Biblia y obedecerla.** Se nos invita a estudiar la Biblia (Isaías 28:13; S. Juan 5:24, 39). Hay que obedecer sus consejos (S. Juan 14:23). Por su lectura podemos llegar a ser participantes de la naturaleza divina (2 Pedro 1:4).

¿QUÉ ES LA BIBLIA ?

La Biblia es el libro sagrado del cristiano, joya preciosa de sabiduría y orientación para la vida. Más que eso, es la revelación de Dios a la humanidad.

En realidad, la Biblia es un conjunto de libros. Contiene 66 libros reunidos en dos "testamentos". El Antiguo Testamento fue escrito antes de Cristo, y el Nuevo Testamento es la historia de Cristo y el desarrollo del cristianismo. La Biblia fue escrita durante un período que abarcó aproximadamente 1,500 años, por unos cuarenta autores, entre los cuales se cuentan profetas, sabios, reyes, agricultores, médicos y legisladores.

OPINIONES DE PERSONAJES EMINENTES SOBRE LA BIBLIA

Emilio Castelar, literato y político español de fines del siglo XIX, dijo: "La Biblia es la revelación más pura que de Dios existe". Immanuel Kant, filósofo alemán, declaró: "La existencia de la Biblia como un libro para el pueblo es el beneficio más grande que la humanidad ha experimentado". León Tolstoi, famoso escritor ruso, afirmó: "El desarrollo moral de todo ser humano desde su infancia es imposible sin leer la Biblia". Francisco I. Madero, cuando era presidente de México, manifestó: "Aprecio la Biblia en su más alto valor. Uno de mis mayores esfuerzos será trabajar para que mi pueblo sea tan ilustrado que entienda los grandes principios de este Libro".

DECLARACIONES SOBRE EL ESTUDIO DE LA BIBLIA

Todo cristiano debe poseer y estudiar el Libro Santo de Dios. Jesús dijo: "Escudriñad las Escrituras" (S. Juan 5:39). Decía San Jerónimo, traductor de la versión de la Biblia llamada Vulgata Latina: "Debemos cultivar la inteligencia mediante la lectura de los Libros Santos".

El Cardenal Garibi Rivera, arzobispo de Guadalajara, dijo: "Si los fieles se proponen leer asiduamente la Sagrada Escritura, tendrán un conocimiento más profundo de la Divina Revelación, sacado de la Palabra escrita de Dios. La oración por una parte, y la lectura de la Santa Biblia por otra, constituyen una conversación del cristiano con Dios, que sirve para alimentar su vida espiritual".

El Concilio Vaticano II hizo la siguiente declaración sobre la Biblia: "La Iglesia ha venerado siempre las Sagradas Escrituras. [...] De igual forma, el Santo Concilio exhorta con vehemencia a todos los cristianos, en particular a los religiosos, a que aprendan el sublime conocimiento de Jesucristo con la lectura frecuente de las Divinas Escrituras".

Es necesario estudiar la Santa Biblia de forma regular y hacer de esto un hábito, una práctica constante de toda la vida.

ILUSTRACIONES

El Señor Jesucristo habló de cierto hombre que descubrió un tesoro escondido en el campo. Muy gozoso fue y vendió todo lo que poseía para comprar aquel campo (S. Mateo 13:44). El "campo" de esta historia se refiere a la Sagrada Biblia, y el "tesoro" es el mensaje de salvación que se encuentra en sus páginas. Pero hay que destacar dos cosas:

1. El tesoro estaba "escondido"; no se hallaba en la superficie. Hay que leer la Biblia, hay que estudiarla, prestando atención a su mensaje. Esta es la forma de hallar el tesoro. Quien no dedica tiempo para leer la Biblia pierde una riqueza de infinito valor.
2. El hombre de la historia reconoció el valor de lo que había encontrado. Con gozo vendió todo lo que poseía para obtenerlo, porque reconoció que el "tesoro" valía más que cualquier otra cosa.

Un visitante preguntó a una señora si tenía una Biblia. La interpelada contestó: "¿Acaso cree usted que soy pagana?" Acto seguido llamó a su hijita y le ordenó: "Corre y saca la Biblia del cajón para mostrársela a este señor".

La niña no tardó en regresar con una Biblia semicerrada y cubierta de polvo. Cuando la señora la abrió, exclamó jubilosa: "¡Qué suerte la mía! ¡Hace tres años que había perdido mis lentes y ahora los encuentro dentro de mi Biblia!"

Los cristianos no solo deben poseer la Biblia, sino que es necesario que la lean diariamente.

3
Lo que la Biblia enseña de la oración y la fe

La oración

1. ¿Cómo nos comunicamos con Dios? Daniel 9:3

2. ¿Qué es la oración? 1 Samuel 1:9-15; Filipenses 4:6

3. ¿Cuánto poder tiene la oración sincera? Santiago 5:16

4. ¿En nombre de quién debemos orar? S. Juan 14:13

5. ¿Contesta Dios las oraciones? S. Mateo 7:7-11

La fe

6. ¿Qué es la fe? Hebreos 11:1,6

7. ¿Cómo se desarrolla la fe? Romanos 10:17

¿Qué debo hacer?

1. Orar con regularidad. Salmo 55:17
2. Pedir cosas convenientes. Santiago 4:3
3. Pedir con fe. S. Mateo 21:22
4. Perdonar a los demás. S. Marco 11:25,26

Mi resolución

Creo que ***Dios escucha y contesta las oraciones.***
Oraré con fe todos los días.

- ✍ **Debemos ser constantes en la oración** (S. Lucas 18:1; Romanos 12:12). El profeta Daniel oraba tres veces al día (Daniel 6:10). Hay que tener un espíritu constante de oración (Efesios 6:18; 1 Tesalonicenses 5:17).
- ✍ **Asuntos por los cuales orar.** Agradecimiento (Filipenses 4:6), sabiduría (Santiago 1:5), salud (Santiago 5:13,14), perdón de los pecados (Salmo 32:3-6). Hay que pedir por las necesidades ajenas (Job 42: 10) y por nuestros gobernantes (1 Timoteo 2:1,2).
- ✍ **Condiciones para que Dios pueda contestar las oraciones.** Pedir con fe (S. Mateo 21:22); pedir conforme a la voluntad de Dios (S. Lucas 22:41,42); manifestar un espíritu perdonador (S. Marcos 11:25,26); ser perseverantes (S. Lucas 18:1); guardar los mandamientos (1 S. Juan 3:22).
- ✍ **Impedimentos para que Dios conteste.** Un espíritu egoísta (Santiago 4:3), las dudas (Santiago 1:6), el pecado oculto en el corazón (Salmo 66:18), desobediencia a la santa ley de Dios (Proverbios 28:9).
- ✍ **Dios promete contestar las oraciones** (Salmos 3:4; 40:1,2; S. Mateo 7:7-12).

¿QUÉ ES LA ORACIÓN?

"Orar es el acto de abrir nuestro corazón a Dios como a un amigo. [...] La oración es la llave en la mano de la fe para abrir el almacén del cielo, donde están atesorados los recursos infinitos de la Omnipotencia" (Elena G. de White, *El camino a Cristo*, pp. 138, 140, APIA).

TIPOS DE ORACIÓN

Rezar es recitar una oración ya escrita. La más conocida es el Padrenuestro, dado por Jesús.

Orar, en cambio, consiste en dirigirse a Dios con nuestras propias palabras para darle gracias y conversar con él sobre nuestros problemas y necesidades. Ahora bien, la oración no es para informar a Dios sobre algo que él no sepa (S. Mateo 6:31,32). Tampoco es para convencerlo (S. Juan 16:26,27). Es para ponernos en sintonía con Dios y que él pueda comunicarse con nosotros y llenar nuestra vida de bendiciones.

Existen varios tipos de oración:

- La oración pública aborda asuntos colectivos.
- La oración familiar es para hablar con Dios sobre asuntos del hogar.
- La oración por los alimentos tiene por fin agradecer a Dios por ellos y pedir su bendición (S. Lucas 24:30; Hechos 27:35).
- No obstante, ninguna de estas oraciones debe ocupar el lugar de la oración privada. Esta se hace generalmente de forma silenciosa e íntima, es una oración mental que se eleva sin palabras audibles.

Complementario 3

PARTES DE LA ORACIÓN

La oración es abrir el corazón a Dios como a un amigo; no es necesario emplear una fórmula precisa. Puede ser corta, resumida en una sola frase (S. Mateo 14:30; S. Marcos 1:40). O puede ser mucho más larga. Jesús pasaba noches enteras orando (S. Lucas 6:12).

Cuando se trata de una oración audible, será más formal. Por regla general se comienza invocando a Dios: "Padre nuestro" (S. Mateo 6:9), o con una expresión similar (ver, por ejemplo, Salmo 8:9). Luego conviene incluir una expresión de gratitud y alabanza a Dios (ver, por ejemplo, Isaías 25:1). Después, se menciona lo que nos preocupa, lo que queremos pedir (Hechos 12:5). Se termina la oración en el nombre de Jesús (S. Juan 16:23) y con la palabra "Amén", que significa "así sea". Una costumbre cristiana, casi universal, es la de cerrar los ojos al orar para que las cosas que nos rodean no distraigan nuestra atención.

MARAVILLOSOS EFECTOS DE LA ORACIÓN

Alexis Carrel, premio Nobel de medicina, dijo: "La oración es la más poderosa forma de energía que cabe generar. Es una fuerza tan real como la gravedad terrestre. Como médico, he visto a hombres que después del fracaso de todos los procedimientos curativos, han vencido la enfermedad y la melancolía por el sereno esfuerzo de la oración".

"Presenta a Dios [en oración] tus necesidades, tristezas, gozos, preocupaciones y temores. No puedes incomodarlo ni agobiarlo. [...] Su amoroso corazón se conmueve por nuestras tristezas cuando se las presentamos. Llévale todo lo que te confunde. No hay nada que sea tan pesado que él no lo pueda soportar. [...] Nada que de alguna manera afecte vuestra paz es tan pequeño que él no lo note. [...] Ninguna calamidad puede ocurrirle al más pequeño de sus hijos, ninguna ansiedad puede asaltar el alma, ningún gozo alegrarlo, ninguna oración sincera escaparse de los labios, sin que el Padre celestial lo perciba y sin que tome en ello un interés inmediato" (Elena G. de White, *El camino a Cristo*, pp. 148, 149, APIA).

ILUSTRACIONES

Cierta caja fuerte necesitaba 18 llaves para ser abierta, pero el gerente tenía una llave maestra que con sola ella abría la caja. De la misma manera, podemos intentar resolver los problemas con muchas llaves, cuando la oración puede abrirnos los depósitos de bendiciones del cielo.

Conversaban dos cristianos. Uno decía: "Estoy desanimado porque Dios nunca contesta mis oraciones". "¡Qué raro! —dijo el otro—. A mí siempre me contesta. Unas veces me contesta que sí, otras veces me dice: 'Espera un poco'; y alguna que otra vez me ha dicho que no. Pero siempre me contesta".

4
Lo que la Biblia enseña de la venida de Cristo

Jesús prometió que volverá

1. ¿Qué maravillosa promesa hizo Jesús? S. Juan 14:1-3

______

2. ¿Cómo debemos considerar esta promesa? Tito 2:13

______

Cómo vendrá Jesús

3. ¿En qué forma regresará Jesús? S. Mateo 24:30

______

4. ¿Cuántos verán su glorioso advenimiento? Apocalipsis 1:7

______

Para qué vendrá Jesús

5. ¿Cuál es el objetivo del regreso de Jesús? S. Mateo 16:27

______

6. ¿Qué sucederá con los muertos justos? 1 Tesalonicenses 4:13-16

______

7. ¿A dónde irán los justos? 1 Tesalonicenses 4:17

______

¿Qué debo hacer?

1. Amar la venida de Jesús. 2 Timoteo 4:8
2. Prepararme para estar listo. 1 S. Juan 3:2,3
3. Colaborar en la predicación del evangelio S. Mateo 24:14

Mi resolución

Creo en el segundo advenimiento de Jesús.
Quiero prepararme para estar con él en el cielo.

✍ **Jesús volverá.** La promesa de su venida en el Antiguo Testamento: (Job 19:25-27; Salmo 96:13; Isaías 26:21; 40:10; 62:11; 66:15). La promesa en el Nuevo Testamento: (S. Mateo 16:27; 24:30; 25:31; 26:64; S. Juan 14:1-3; Filipenses 3:20,21; Hebreos 9:28; Apocalipsis 1:7; 22:12,20).

✍ **¿Cómo vendrá Jesús?** Vendrá en persona (Hechos 1:11). Vendrá con sus ángeles (S. Mateo 25:31). Su venida será visible para todos (S. Mateo 24:27; Apocalipsis 1:7).

✍ **¿Para qué vendrá Jesús?** Para destruir a los impíos (2 Tesalonicenses 2:8,9); para resucitar a los justos y transformar a los vivos (1 Corintios 15:51-55; 1 Tealonicenses 4:16,17); para poner fin al sufrimiento (Apocalipsis 21:4); para estar eternamente con su pueblo (Apocalipsis 21:3).

✍ **Actitud de la gente ante el regreso de Jesús.** Los impíos se desesperan (Apocalipsis 6:15-17). Los justos se regocijan (Isaías 25:9). Los creyentes se preparan para el glorioso advenimiento (Tito 2:11-13; 2 Pedro 3:14; 1 S. Juan 3:2,3).

✍ **Un nuevo mundo de felicidad.** En el mundo nuevo habrá maravillas increíbles (1 Corintios 2:9). La naturaleza será transformada (Isaías 11:6-9). No habrá más sufrimiento, enfermedad ni muerte (Apocalipsis 21:1-4). Estaremos para siempre con Jesús (Apocalipsis 22:1-6).

LA BIENAVENTURADA ESPERANZA

Una de las doctrinas cristianas más consoladoras es la del segundo advenimiento del Señor Jesús. Los cristianos primitivos se saludaban diciendo “Maranata”, que significa “el Señor viene”.

El segundo advenimiento es una doctrina bíblica y cristiana. Millones han recitado el Padrenuestro y han dicho: “Venga tu reino”. Al repetir el Credo, han declarado: “Ha de venir a juzgar a los vivos y a los muertos”.

Esta doctrina se encuentra en toda la Biblia. La mayoría de los profetas del Antiguo Testamento se refirieron a los acontecimientos del fin y al advenimiento de Jesús. En el Nuevo Testamento los hechos que ocurrirán en ocasión del fin del mundo tienen un lugar destacado en las enseñanzas de Jesús y de los apóstoles. El Apocalipsis termina con un pedido conmovedor: “El que testifica de estas cosas dice: ‘Ciertamente vengo en breve’. Amén; sí, ven, Señor Jesús” (Apocalipsis 22:20).

Complementario 4

TESTIMONIOS

Los cristianos, en general, creen en el advenimiento de Jesús. "Es una verdad de fe que Jesucristo ha de volver al fin del mundo a juzgar a los vivos y a los muertos. [...] En aquel último día se completará toda justicia. Se premiarán hasta los últimos frutos de las buenas obras, y se castigarán hasta los últimos escándalos de las malas obras de los pecadores" (*Catecismo de doctrina cristiana*, p. 141).

"Con fe firme, esperamos el cumplimiento de la 'esperanza bienaventurada y la llegada de la gloria del gran Dios y Salvador nuestro Jesucristo' (Tito 2:13), 'quien transfigurará nuestro pobre cuerpo gloriosamente semejante al suyo' (Filipenses 3:21), y vendrá 'para ser glorificado en sus santos y para ser la admiración de todos los que han tenido fe' (2 Tesalonicenses 1:10)" (*Documentos del Vaticano II*, p. 70).

"El extraordinario futuro que esperamos los cristianos no será el desarrollo natural de la historia. [...] Vendrá con el establecimiento del reino de Dios, por la intervención directa de Dios" (Billy Graham, *El mundo en llamas*, p. 194).

ILUSTRACIONES

Los habitantes de cierto pueblo de Canadá vivían con desgana, en la suciedad y el desorden. Cierto día supieron que la reina de Inglaterra pasaría por el pueblo. Entusiasmados, se pusieron en acción: limpiaron, pintaron, ordenaron, embellecieron. Querían que la reina se llevara la mejor impresión del pueblo. Pronto vendrá a la tierra el Rey de reyes y Señor de señores. Debemos limpiar y pulir nuestras vidas para recibirlo.

Un jardinero ponía gran interés en mantener hermoso el jardín de su dueño. Un transeúnte le preguntó:

—¿Viene el dueño todos los días a ver el jardín?

—No —replicó el jardinero—, está de viaje.

—¿Va a regresar uno de estos días?

—No sé cuándo regresará.

—¿Por qué se afana tanto si el dueño no está y usted no sabe cuándo regresará?

—Precisamente por eso. Quiero tenerlo todo listo, porque puede venir en cualquier momento —contestó aquel fiel jardinero.

5
Lo que la Biblia enseña de las señales de la venida de Cristo

¿Cuándo vendrá Jesús?

1. ¿Qué preguntaron los discípulos a Jesús? S. Mateo 24:3

____

2. ¿Se sabe la fecha del regreso de Cristo? S. Mateo 24:36

____

3. ¿Estamos en tinieblas respecto a la venida de Jesús? 1 Tesalonicenses 5:1-4

____

Señales del regreso de Jesús

4. ¿Qué condiciones sociales prevalecerían en los últimos días? 2 Timoteo 3:1-5

____

5. ¿Cuál sería la condición moral de la humanidad? S. Mateo 24:12

____

6. ¿Qué ocurriría con la ciencia? Daniel 12:4

____

7. ¿Qué no entiende la mayor parte de la humanidad? S. Mateo 24:37-39

____

8. ¿Qué solemne advertencia nos dejó el Señor Jesucristo? S. Lucas 21:34

____

¿Qué debo hacer?

1. Estar atento a las señales de los tiempos. Lucas 21:28-31
2. Velar y estar preparado. S. Mateo 24:42,44

Mi resolución

*Creo que **Jesús regresará muy pronto.***
He decidido prepararme para ir con él a la Tierra Nueva.

✍ **¿Cuándo vendrá Jesús?** No sabemos el día ni la hora exactos del regreso de Jesús (S. Mateo 24:42; S. Lucas 12:40; Hechos 1:7). Vendrá sorpresivamente, como ladrón en la noche (S. Mateo 24:44; S. Lucas 21:34; 1 Tesalonicenses 5:2). Sin embargo, así como había profecías acerca del primer advenimiento de Jesús, existen señales claras referentes a su segundo advenimiento. Jesús dijo que el cumplimiento de tales señales indicaría el "tiempo del fin" y la inminencia del retorno de Jesús. Por eso el apóstol Pablo dijo que "no estamos en tinieblas" en cuanto a este acontecimiento (1 Tesalonicenses 5:1-4).

✍ **Señales que anuncian el regreso de Jesús**. Auge de la inmoralidad (S. Mateo 24:37, 38; 2 Timoteo 3:1-5); temor y angustia (S. Lucas 21:25, 26); calamidades naturales (S. Lucas 21:11); aparición de falsos Cristos (S. Mateo 24:5,24); burladores que no creen en la segunda venida (2 Pedro 3:3, 4); aumento del conocimiento y comprensión de las profecías (Daniel 12:4); predicación mundial del evangelio (S. Mateo 24:14).

✍ **Preparación para el regreso de Jesús.** Debemos apresurar nuestra preparación (2 S. Pedro 3:12); estar siempre preparados (S. Lucas 12:40); procurar con diligencia ser hallados sin mancha (2 Pedro 3:14); buscar la semejanza con Cristo (1 S. Juan 3:2,3).

EL AUMENTO DE LA CIENCIA

Daniel predijo que en el tiempo del fin "la ciencia aumentará" (Daniel 12:4). Otras versiones dicen "conocimiento" en lugar de "ciencia". Esta clara señal se está cumpliendo de forma espectacular ante nuestros ojos.

"Los próximos veinte años traerán más conocimiento científico que todo el siglo XX. De hecho, la velocidad de los cambios es hoy mil veces mayor que durante el siglo pasado" (Ray Kurzweil en *Perspectives on Business Innovation* [Perspectivas sobre la innovación industrial], KurzweilAI.net, 01.06.03).

"El saber humano se duplica cada quince años, y en menos de dos generaciones la humanidad ha pasado de la carreta tirada por caballos a los proyectiles teledirigidos" (Billy Graham, *El mundo en llamas*, p. 225).

SE ACERCA UN GLORIOSO AMANECER

El cumplimiento exacto de las señales anunciadas por Jesús y los profetas indica que la prolongada y agobiadora noche de dolor y muerte está a punto de terminar. Se vislumbran los albores radiantes del nuevo mundo prometido por Jesús a "todos los que aman su venida" (2 Timoteo 4: 8).

ILUSTRACIÓN

El anuncio cayó como una bomba. El esposo y padre debía marchar a la guerra. Con dolor, toda la familia fue a despedirlo a la estación.

El hijito, desesperado, le preguntaba:

—¿Cuándo regresarás, papá?

El padre le contestó:

—Cualquier día de estos, en este mismo tren que llega a las cinco de la tarde, voy a regresar.

Desde entonces, el niño esperaba ansioso la campana que anunciaba la llegada del ferrocarril. Cuando sonaba, corría hasta la estación y miraba ansioso para ver si entre los pasajeros estaba su padre. Después de dos años, una tarde, entre los pasajeros bajó su padre. ¡Qué alegría! Pronto estuvo entre sus brazos.

—¡No te vas a ir más papá!, ¿verdad? —preguntó el niño.

—Ya no; ahora me quedaré siempre con ustedes —fue su respuesta.

Las campanadas de la historia indican que muy pronto llegará en las nubes de los cielos el Señor Jesús, para llevarnos al cielo donde "estaremos siempre con el Señor" (1 Tesalonicenses 4:17).

6
Lo que la Biblia enseña del pecado

El origen del mal

1. ¿Dónde y cuándo comenzó el pecado? Apocalipsis 12:7-12

2. ¿En quién se originó el pecado? Ezequiel 28:14-17

El pecado en la tierra

3. ¿Qué prueba de obediencia estableció Dios? Génesis 2:15-17

4. ¿En qué consistió el primer pecado? Génesis 3:1-6

Significado y efectos del pecado

5. ¿Qué es pecado? 1 S. Juan 3:4

6. ¿A quién se somete el pecador? 1 S. Juan 3:8

7. ¿Cuál es el resultado del pecado? Romanos 6:23

¿Qué debo hacer?

1. Resistir a Satanás en nombre de Dios. Santiago 4:7
2. No transigir con el pecado. Romanos 6:12
3. Vencer con la ayuda de Jesús. Romanos 8:37; Filipenses 4:13

Mi resolución

***Procuraré**, con la ayuda de Dios,*
***limpiar mi vida** de todo pecado.*

✍ **Satanás (Lucifer) es el autor del pecado.** Lucifer fue creado perfecto (Ezequiel 28:14,15). Quiso ser igual a Dios (Isaías 14:13,14). Se produjo una batalla en el cielo (Apocalipsis 12:7-9). Lucifer no permaneció en la verdad (S. Juan 8:44). Pecó desde el principio (1 S. Juan 3:8)

✍ **¿Qué es el pecado?** Es la transgresión de la ley de Dios (1 S. Juan 3:4). Toda mala acción es pecado (1 S. Juan 5:17). Saber hacer lo bueno y no hacerlo es pecado (Santiago 4:17). Rechazar el mensaje de Jesús es pecado (S. Juan 15:22).

✍ **Las terribles consecuencias del pecado.** Quita la paz del alma (Isaías 57:20,21; Romanos 2:9). Separa a la persona de Dios (Isaías 59:2). Torna al pecador en esclavo del pecado (Romanos 6:16). Causa muerte eterna (Romanos 6:23).

✍ **Auxilio eficaz en la lucha contra el pecado.** Tenemos una lucha constante contra las asechanzas del diablo (Efesios 6:11,12). Pero si estamos con Dios, el diablo huye (Santiago 4:7). Tenemos una armadura completa para defendernos de los ataques del maligno (Efesios 6:11-18). Para cada tentación, Dios ha provisto una vía de escape (1 Corintios 10:13).

✍ **La sangre de Cristo nos limpia del pecado** (1 S. Juan 1:7-9; 2:1).

¿QUIÉN CREÓ A SATANÁS?

Dios no creó a Satanás (Adversario), sino a Lucifer (Lucero), una criatura de extraordinaria belleza e inteligencia (Isaías 14:12). Lucifer cultivó la envidia, el odio y el orgullo. En el colmo de su extravío, aspiraba a ser igual a Dios (Isaías 14:11,13,14). Se rebeló contra el Altísimo acusándolo de tiranía. Dios no destruyó a Satanás inmediatamente para permitir que, con el tiempo, se manifestara la malignidad de su proceder y lo dañino que es el pecado. En el día final, no quedarán dudas acerca de la justicia y el amor divinos.

EL PECADO ORIGINAL

"Y creó Dios al hombre a su imagen, a imagen de Dios lo creó". "Entonces Dios contempló todo lo que había hecho, y vio que era bueno en gran manera" (Génesis 1:27,31). El Hacedor dotó al hombre de inteligencia, razonamiento y capacidad para elegir libremente su destino.

Al enfrentarse con Satanás y al caer en la tentación cometió el pecado de desobediencia a un mandato definido del Creador. Además, ejerció equivocadamente su poder de elección. Creyó a Satanás y desconfió de Dios. De esa manera rechazó a su Padre Dios y se puso bajo la tutela de Satanás.

LAS TERRIBLES CONSECUENCIAS DEL PECADO

"Desde la planta del pie hasta la cabeza no hay en él cosa ilesa, sino herida, hinchazón y podrida llaga. No están curadas, ni vendadas, ni suavizadas con aceite" (Isaías 1:6). Aquí el profeta compara el pecado con esa terrible enfermedad llamada lepra. Dios aborrece el pecado, pero ama al pecador; quiere verlo libre de sus terribles consecuencias.

Por causa del pecado, la naturaleza humana se ha corrompido. Oigamos el testimonio del apóstol Pablo:

"Porque sabemos que la ley es espiritual, pero yo soy de carne, vendido a al poder del pecado. [...] Sé que en mí, esto es, en mi carne, no habita el bien. Porque tengo el querer, pero no alcanzo a efectuar lo bueno. Porque no hago el bien que quiero, sino el mal que no quiero" (Romanos 7:14-19).

"El pecado [...] habita en mí" (Romanos 7: 7), dice el apóstol. Esta expresión nos enseña que el pecado no es únicamente un acto incorrecto, sino la tendencia natural del corazón humano; es nuestra inclinación y disposición hacia el mal; es el espíritu egoísta y no semejante a Cristo que hay en nosotros. La peor consecuencia del pecado es que nos aleja de Dios.

EL FIN DEL PECADO

La calamitosa experiencia del pecado llegará a su fin junto con su autor, el diablo.

Satanás y sus ángeles están reservados para el juicio del gran día (S. Judas 6). Finalmente, serán destruidos en el gran lago de fuego (Apocalipsis 20:10).

El pecado será eliminado y nunca más volverá a surgir (Malaquías 4:1).

ILUSTRACIÓN

Cierto caminante se compadeció de una serpiente que yacía helada en la fría mañana y la colocó en su pecho. Cuando el animal se reanimó, mordió a su bienhechor causándole la muerte. Nunca hay que jugar con el pecado. No hay que darle cabida en nuestra vida. Los resultados son siempre fatales.

* * *

"Vuestro pecado os alcanzará" (Números 32:23). "Porque nada hay oculto, que no se haya de manifestar" (S. Lucas 8:17). "El fin de todo el Discurso es este: 'Venera a Dios y guarda sus mandamientos, porque este es todo el deber del hombre'. Porque Dios traerá toda obra a juicio, incluyendo toda cosa oculta, buena o mala" (Eclesiastés 12:13,14).

7
Lo que la Biblia enseña de la salvación

Consecuencias del pecado

1. **¿Cuál es la consecuencia del pecado?** Romanos 5:12

2. **¿Podemos resolver el problema del pecado?** Jeremías 2:22

Jesús salva al pecador

3. **¿Qué provisión hizo Dios para salvarnos?** S. Juan 3:16, S. Mateo 20:28

4. **¿Cómo describió Jesús su misión?** S. Lucas 19:10

5. **¿Cometió Jesús algún pecado?** Hebreos 4:15

6. **¿Cómo pagó Jesús nuestra deuda?** Isaías 53:3-7, 1 S. Pedro 1:18,19

7. **¿Qué acto da evidencia de nuestra salvación?** 1 Corintios 15:20-22

¿Qué debo hacer?

1. **Creer en Jesús.** Hechos 16:30,31
2. **Aceptarlo como mi único Salvador.** Hechos 4:12
3. **Abrirle la puerta de mi corazón.** Apocalipsis 3:20

Mi resolución

*Creo que **Jesús murió por mí**. Lo acepto como mi único Salvador. Le entrego mi vida y mi corazón.*

- **El pecado y sus terribles consecuencias.** Todos los seres humanos hemos pecado (Romanos 3:23; 1 S. Juan 1:8). El pecador se convierte en esclavo del pecado (S. Juan 8:34). Los pecadores quedan excluidos de la vida eterna (1 Corintios 6:9,10). El destino final del pecador es la muerte (Romanos 6:23).
- **Un plan de amor.** Dios ha trazado un plan para salvar a los seres humanos del pecado y sus consecuencias (Efesios 3:8,9; 2 Timoteo 1:9).
- **Jesús es el único Salvador.** El apóstol Pedro declaró que Jesús es el único Salvador (Hechos 4:12).
- **¿Cómo nos salvó Jesús?** Veamos siete actos redentores:
  1. **SU ENCARNACIÓN.** Jesús, siendo Dios, se hizo hombre (S. Juan 1:14; Gálatas 4:4; Hebreos 2:14).
  2. **SU VIDA SIN PECADO** (Hebreos 4:15; 1 S. Pedro 2:22; 1 S. Juan 3:5).
  3. **SU MUERTE POR NOSOTROS** (1 Timoteo 1:15; 1 S. Pedro 2:24).
  4. **SU RESURRECCIÓN** (Romanos 4:25; 1 Corintios 15:13,4).
  5. **SU ASCENSIÓN A LOS CIELOS** (1 Timoteo 3:16).
  6. **SU INTERCESIÓN** (1 Timoteo 2:5; Hebreos 7:25).
  7. **SU SEGUNDA VENIDA** (Hebreos 9:28).
- **Somos salvos por gracia.** La salvación es concedida gratuitamente (Romanos 3:24; Efesios 2:8). Recibimos este precioso regalo cuando creemos en Jesús (Hechos 16:30,31).

EL PLAN DE SALVACIÓN

Si un niño cae en un pozo, su padre seguramente hará todo lo posible por sacarlo. Si el niño es raptado, su padre pagará cualquier suma por rescatarlo. Si está enfermo, llamará al mejor médico y comprará todas las medicinas. Un día, Dios perdió a sus hijos. Estos cayeron en el abismo del pecado y fueron raptados por Satanás. Ahora están enfermos por causa del pecado, pero Dios, como Padre amoroso, haciendo un sacrificio infinito, adoptó las medidas necesarias para salvarlos. La redención de la humanidad costó nada menos que la vida y la sangre preciosa de Jesús (1 S. Pedro 1:18,19).

El plan de Dios para salvar a los seres humanos es un plan de amor (1 S. Juan 3:16). Consiste en que Dios entregó a su Hijo (S. Juan 3:16), y el Hijo vino a buscar lo que se había perdido (S. Lucas 19:10), y dio su vida como precio del rescate por el pecador (1 Timoteo 2:6).

JESÚS, SALVADOR ÚNICO Y SUFICIENTE

Si estamos enfermos, podemos elegir cualquier médico, porque hay muchos. Pero no hay más que un Médico que pueda salvarnos de la enfermedad del pecado: Cristo Jesús. "En ningún otro hay salvación, porque no hay otro nombre bajo el cielo, dado a los hombres, en que podamos ser salvos" (Hechos 4:12).

SOMOS SALVOS GRATUITAMENTE POR DIOS

Ningún tesoro en este mundo podría pagar el don inefable de la salvación. Por eso, Dios concede la salvación gratuitamente. "En él tenemos redención por su sangre, el perdón de los pecados según la riqueza de su gracia" (Efesios 1:7). "Porque por gracia habéis sido salvos por la fe. Y esto no proviene de vosotros, sino que es el don de Dios" (Efesios 2:8). Recibimos este precioso don si tan solo creemos en Jesús y tenemos fe en su poder para salvarnos (Hechos 16:31; Romanos 5:1).

EL FIN DEL PECADO

Cuando Cristo venga, la tierra será purificada con fuego (2 Pedro 3:10). No quedará ni raíz ni rama del pecado (Malaquías 4:1); todas las cosas serán renovadas (Apocalipsis 21:5); la maldición y el pecado no tendrán ya cabida en ella (Apocalipsis 22:3).

CITAS SOBRE LA SALVACIÓN

"Creemos firmemente que el Padre amó tanto al mundo que entregó su propio Hijo para salvarlo. Por medio de ese mismo Hijo suyo, nos libró de los lazos del pecado [...] a fin de que pudiéramos ser llamados hijos de Dios, y serlo realmente [...], pues solamente Cristo es el mediador y el camino de salvación" (*Documentos del Vaticano* II, p. 23).

"El corazón de Dios suspira por sus hijos terrenales con un amor más fuerte que la muerte. Al dar a su Hijo vertió todo el cielo en un don. La vida, la muerte y la intercesión del Salvador, el ministerio de los ángeles, las súplicas del Espíritu Santo, el Padre obrando por encima y a través de todo, el incesante interés de los seres celestiales: todo ha sido movilizado en favor de la redención" (Elena G. de White, *El camino a Cristo*, p. 31, APIA).

ILUSTRACIÓN

Un noble romano era perseguido a muerte por sus enemigos. Para salvarlo, uno de sus siervos que lo amaba profundamente cambió con él sus vestidos. En la noche, los perseguidores capturaron al siervo y lo mataron, pero el amo salvó su vida. Lo mismo hizo Jesús: se vistió con nuestros harapos de inmundicia, ocupó nuestro lugar y dio su vida por nosotros.

8
Lo que la Biblia enseña del perdón de los pecados

El único camino a la salvación

1. ¿Gracias a quién y a qué somos salvos? 1 S. Pedro 2:24

2. ¿Cuánto cuesta la salvación? Romanos 3:24

Obteniendo el perdón

3. ¿Qué reconocimiento sincero debe experimentar el pecador? S. Lucas 18:10-13

4. ¿Qué profundo sentimiento es indispensable? Hechos 2:37,38

5. ¿Qué se debe hacer con los pecados? Salmo 32:3-5

La dulce seguridad del perdón

6. ¿Qué ofrecimiento hace Dios? Efesios 1:7; Isaías 1:18

7. ¿Cuán completo es el perdón divino? Isaías 43:25

¿Qué debo hacer?

1. Arrepentirme de todo corazón. Hechos 3:19
2. Confesar todos mis pecados. 1 S. Juan 1:9
3. Experimentar la conversión. Ezequiel 36:25-27

Mi resolución

*Pido **humildemente perdón por mis pecados.** Creo que Dios me perdonará. Quiero vivir una vida de santificación en Jesús.*

✍ **El maravilloso perdón de Dios.**

- El perdón es gratuito (Romanos 3:24).
- El perdón es completo (Salmo 103:11,12).
- El perdón es permanente (Hebreos 8:12; Isaías 43:25).

Obtener el perdón es arreglar una cuenta pendiente. Como pecadores no tenemos con qué pagar la deuda; pero Jesús la pagó con su preciosa sangre, y ofrece los méritos de su sacrificio al que desee aceptarlos.

✍ **Pasos para obtener el perdón:**

1. Reconocer nuestra condición de pecadores (Salmo 51:2,3; 1 S. Juan 1:8).
2. Arrepentirnos de nuestros pecados (S. Lucas 3:8; Hechos 3:19).
3. Aceptar a Jesús como único Salvador (Hechos 4:12; 5:31; 10:43; Romanos 10:9).
4. Confesar los pecados (Salmo 32:1-5; Proverbios 28:13; Romanos 10:10). La confesión debe ser hecha a Dios (Salmo 32:5). Se debe nombrar el pecado cometido (Levítico 5:5).
5. Restituir. Hacer lo posible por pagar los daños causados (Números 5:7).
6. Perdonar a cualquier persona que nos haya ofendido (S. Mateo 6:14,15).

ACLARACIÓN DE ALGUNOS TÉRMINOS

Arrepentimiento. El arrepentimiento es indispensable para obtener el perdón (Hechos 2:37,38). El arrepentimiento verdadero implica dolor sincero y profundo por la falta que hemos cometido (2 Corintios 7:10).

Confesión. La confesión es una expresión verbal de nuestro arrepentimiento. Mediante la confesión aceptamos la responsabilidad de nuestros actos, para que puedan ser sanadas las heridas causadas por nuestro pecado.

El sabio nos dice: "El que encubre sus pecados, no prosperará, pero el que los confiesa y se aparta, alcanzará misericordia" (Proverbios 28:13).

Los pecados deben ser confesados a Dios para que él pueda perdonarlos. "Ahora, confesadlo al Señor, Dios de vuestros padres, y haced su voluntad" (Esdras 10:11). Y si hemos ofendido o perjudicado a otra persona, tenemos que pedirle perdón (Santiago 5:16) y hacer todo lo que esté a nuestro alcance para reconciliarnos (S. Mateo 5:23,24; Romanos 12:18).

"La confesión de nuestros pecados, ya sea pública o privada, tiene que ser de corazón y voluntaria. No debe ser impuesta al pecador. No ha de hacerse de un modo ligero y descuidado. [...] La verdadera confesión es siempre de carácter específico y reconoce pecados concretos" (Elena G. de White, *El camino a Cristo*, p. 59. APIA).

Justificación. Otro nombre del perdón es 'justificación'. "El perdón y la justificación son una y la misma cosa" (Elena G. de White, *Fe y obras*, p. 137). La justificación es un borrón y cuenta nueva. El pecador justificado y perdonado queda delante de Dios como si nunca hubiese pecado. La ley de Dios, que es santa, justa y buena (Romanos 7:12), contempla al pecador justificado y dice: "Este ya no me debe nada". "Ahora, ninguna condenación hay para los que están en Cristo Jesús" (Romanos 8:1).

Cómo podemos permanecer en el perdón. El pecado acariciado nos hace perder la justificación.

Si hay en nuestra vida pecados que no han sido confesados ni abandonados, si hay acciones o actitudes pecaminosas de las cuales no estamos arrepentidos, el perdón de Dios no nos beneficia y quedamos excluidos de la gracia y la salvación.

9 Lo que la Biblia enseña del juicio

La importancia del juicio

1. ¿Qué juzgará Dios? Eclesiastés 12:14

2. ¿Quiénes comparecerán ante el juicio? 2 Corintios 5:10

La importancia del juicio

3. ¿Quién es el juez? Romanos 2:16

4. ¿Dónde están registradas nuestras acciones? Apocalipsis 20:12

5. ¿Por qué código seremos juzgados? Santiago 2:12

6. ¿Cómo podemos estar seguros de salir absueltos en el juicio? S. Juan 5:24; 1 S. Juan 2:1

¿Qué debo hacer?

1. Creer en Jesús y aceptarlo como mi Salvador. S. Juan 5:24; Hechos 16:30,31
2. Venerar a Dios y guardar sus mandamientos. Eclesiastés 12:13

Mi resolución

*Acepto a **Jesús como mi abogado**. Deseo respetar y obedecer los mandamientos de Dios.*

- **Habrá un juicio.** Dios "ha establecido un día, en el cual juzgar al mundo" (Hechos 17:31). Serán juzgadas incluso las cosas ocultas (Eclesiastés 12:13,14; Romanos 2:16).
- **Cada uno responderá por sus acciones** (Eclesiastés 11:9; S. Mateo 12:36; Romanos 14:12). Serán juzgados los justos y los impíos (Eclesiastés 3:17). No es posible engañar a Dios (Gálatas 6:7).
- **Los registros.** La Biblia menciona:
  1. El Libro de Memoria (Malaquías 3:16), donde se registran nuestras obras, sean buenas o malas. El juicio se hace basado en los registros de nuestras obras (Apocalipsis 20:12).
  2. El Libro de la Vida (Filipenses 4:3; Apocalipsis 3:5). En él se escribe el nombre de toda persona que aceptó a Cristo como su Salvador personal y recibió el perdón de sus pecados.
- La norma del juicio. La norma suprema es la sacrosanta ley de Dios (Santiago 2:11,12). También seremos juzgados de acuerdo con las enseñanzas del Evangelio (S. Juan 12:48; Romanos 2:16).

CÓMO SALIR BIEN EN EL JUICIO

El Señor Jesucristo dijo claramente cuál es la manera de salir bien en el juicio: "El que oye mi palabra y cree al que me envió tiene vida eterna; y no será condenado, sino que pasó de muerte a vida" (S. Juan 5:24). Quien acepta a Cristo como su Salvador personal es justificado por la sangre derramada en la cruz del Calvario.

El apóstol Pablo lo explica de esta manera: "Por la justicia de uno solo [Jesucristo] vino a todos los hombres la justificación que da vida" (Romanos 5:18).

La "justificación" que menciona el apóstol es un veredicto, un fallo judicial. Significa que somos declarados "inocentes" por el Juez celestial. Esto no se debe a que en realidad seamos buenos, sino a que se nos atribuye el carácter inmaculado de Cristo, y somos juzgados sobre la base de su vida, no de la nuestra. Este fallo judicial (la justificación) se da anticipadamente, antes del tiempo del juicio final; y es nuestra seguridad de poder salir bien del juicio.

Nadie será jamás suficientemente bueno como para ganarse la salvación gracias a sus propias buenas obras. Pero Cristo murió por nosotros en la cruz al aceptar el castigo que nos correspondía. Después, aparece por nosotros en el juicio celestial; allí también ocupa nuestro lugar. Él no solo fue nuestro sustituto en la cruz, sino que también lo será en el juicio.

Tal como vimos en la lección anterior, el pecado acariciado nos hace perder este hermoso regalo de la justificación. Si en nuestra vida hay pecados que no hemos confesado ni abandonado, si hay acciones o actitudes pecaminosas de las cuales no estamos arrepentidos, el perdón de Dios no nos beneficia y quedamos excluidos de la gracia y la salvación.

Al final de los mil años mencionados en el libro de Apocalipsis, los que no aceptaron a Cristo como su Salvador tendrán que comparecer ante Dios sin Mediador ni Sustituto (Apocalipsis 20:11,12). Esta es una verdad aterradora (Hebreos 10:31). Dice la profecía que "descendió fuego del cielo y los consumió" (Apocalipsis 20:9).

¿CÓMO SE ILUSTRA EL JUICIO EN EL SANTUARIO?

El Señor le dio a su antiguo pueblo un centro de culto llamado "el Santuario", donde se realizaban diversos ritos que servían para aclararles la manera en que él quería salvarlos.

El rito más importante era el que se realizaba una vez al año en el "Día de la Expiación". Este rito representaba el juicio. En el Día de la Expiación, los fieles se reunían alrededor del Santuario (Levítico 23:27-29). Pero no entraban uno por uno a la presencia de Dios para ser juzgados. El sumo sacerdote entraba como representante o sustituto de todos ellos. El libro de Daniel, en el capítulo 7, aclara que Jesucristo es el Sumo Sacerdote en el Santuario verdadero, el cual está en el cielo (Hebreos 8:1), y que a la hora del juicio real, es Jesucristo quien entra y ocupa el lugar del pecador arrepentido.

EL TIEMPO DEL JUICIO

El profeta Daniel quiso saber en qué momento empezaría el juicio celestial que él había visto en sus visiones. Su guia le respondió que este acontecimiento tendría lugar al cabo de 2.300 años (Daniel 8:14). Este lapso empezó en el año 457 a. C. (Daniel 9:25) y nos lleva hasta el año 1844, año en que el Señor empezó a llevar a cabo el juicio celestial.

ILUSTRACIÓN

En un día de crudo invierno, un desalmado propietario insultó a una viuda y la expulsó de la casucha en que vivía con su hijito de ocho años.

El niño llegó a ser un gran pintor. Sobre el lienzo imprimió la triste escena que presenció en su niñez, la expuso, y miles, viéndola, se indignaban. El culpable, al ver el cuadro, tembló. Ofreció una fabulosa suma para adquirirlo y destruirlo, pero todo fue en vano. De la misma manera, los pecadores que no buscan a Cristo, llegarán sin amparo al día del juicio. Entonces se enfrentarán a la historia de su vida, y ella los condenará.

10 Lo que la Biblia enseña de la santa ley de Dios

Importancia de la ley de Dios

1. **¿Quién es el autor de la ley?** Éxodo 31:18

____

2. **¿Cuáles son los diez mandamientos?** Éxodo 20:3-17

____

Perpetuidad de la ley de Dios

3. **¿Cómo se obtiene la salvación?** Romanos 3:28; Efesios 2:8,9

____

4. **¿Anulamos la ley por la fe?** Romanos 3:31

____

5. **¿Cuál es el propósito de la ley?** Romanos 3:20; 7:7

____

6. **¿A quién nos conduce la ley?** Gálatas 3:24

____

7. **¿Cuál fue la actitud de Jesús hacia la ley?** S. Juan 14:15

____

8. **¿Realizó Jesús cambios en los mandamientos?** S. Mateo 5:17,18

____

¿Qué debo hacer?

1. **Amar a Dios y guardar su ley.** S. Juan 14:15
2. **Cumplir los mandamientos.** Salmo 119:44
3. **Respetar todos los mandamientos.** Santiago 2:10-12

Mi resolución

Acepto la ley de Dios como la norma de mi vida. Procuraré, con la ayuda de Dios, obedecer todos los mandamientos.

✍ **La importancia de la ley.** La ley es un retrato vivo de Dios. Ambos son: santos (Romanos 7:12; Apocalipsis 4:8), justos (Salmo 119:172; S. Juan 17:25), perfectos (Salmo 19:7, 8; S. Mateo 5:48) y eternos (Salmo 119:152; Isaías 43:13).

✍ **Perpetuidad de la ley de Dios.** Cristo no cambió la ley, sino que la confirmó (S. Mateo 5:17,18). La madre de Jesús y los apóstoles también respetaron la Ley (S. Lucas 23:55,56; Romanos 3:31; Santiago 1:25; 2 S. Pedro 2:21; 1 S. Juan 2:3,7).

✍ **El cristiano debe guardar la ley.** La ley es de gran utilidad para la vida del cristiano (Salmo 19:7,8). La verdadera demostración de amor a Dios es guardar sus mandamientos (S. Juan 14:15,21; 1 S. Juan 5:2,3). Los redimidos guardarán la santa ley de Dios (1 S. Juan 2:3-6; Apocalipsis 14:12). Dios es quien nos ayuda a respetar su Ley (S. Juan 15:5; Romanos 8:3,4; Hebreos 10:16).

BENDICIONES QUE RECIBIMOS AL GUARDAR LOS MANDAMIENTOS

El universo, creación de Dios, está regido por leyes naturales. Todo el ordenamiento moral, social e internacional se rige por leyes. Dios instituyó leyes morales y espirituales, las cuales son sabias disposiciones de un Padre para la felicidad y bienestar de sus hijos.

La enseñanza bíblica sobre la necesidad de respetar los mandamientos de Dios es clara. "No todo el que me dice: 'Señor, Señor' entrará en el reino de los cielos, sino el que hace la voluntad de mi Padre" (S. Mateo 7:21). Puesto que "Dios traerá toda obra a juicio", todos debemos guardar los mandamientos (Eclesiastés 12:13). Se prometen bendiciones a los que guardan la ley: tendrán paz (Salmo 119:165; Isaías 48:18); Jehová los exaltará (Deuteronomio 28:1).

LA LEY Y LA GRACIA

Nadie se salva por guardar la ley, sino por la gracia redentora de Jesús (Gálatas 2:16). Sin embargo, la ley tiene una función importantísima: nos revela lo que es pecado (Romanos 3:20; 7:7). Como un espejo, muestra nuestra desesperada condición (Santiago 1:23-25), y de este modo nos conduce a Cristo, quien nos salva por su gracia (Gálatas 3:24).

Después de recibir la salvación por la fe, respetaremos la ley de Dios, porque la fe no invalida la ley (Romanos 3:31).

El Señor Jesús enseñó con claridad que la ley de Dios jamás será cambiada ni eliminada (S. Mateo 5:17,18)

Complementario 

LOS DIEZ MANDAMIENTOS
(Éxodo 20:3-17)

I

No tendrás otros dioses fuera de mí.

II

No te harás imagen, ni ninguna semejanza de lo que hay arriba en el cielo, ni abajo en la tierra, ni debajo del agua. No te inclinarás a ellas, ni las honrarás, porque el Señor tu Dios soy yo, fuerte, celoso, que visito la maldad de los padres sobre los hijos, hasta la tercera, y la cuarta generación a los que me aborrecen. Pero trato con invariable amor por mil generaciones a los que me aman y guardan mis mandamientos.

III

No tomarás el nombre del Señor tu Dios en vano. Porque el Señor no dará por inocente al que tome su nombre en vano.

IV

Acuérdate del día sábado para santificarlo. Seis días trabajarás y harás toda tu obra. Pero el sábado es el día de reposo del Señor tu Dios. No hagas ningún trabajo en él; ni tú, ni tu hijo, ni tu hija, ni tu siervo, ni tu criada, ni tu bestia, ni tu extranjero que está dentro de tus puertas. Porque en seis días el Señor hizo el cielo, la tierra y el mar, y todo lo que contienen, y reposó en el séptimo día. Por eso el Señor bendijo el sábado y lo declaró santo.

V

Honra a tu padre y a tu madre para que tus días se alarguen en la tierra que el Señor tu Dios te da.

VI

No matarás.

VII

No cometerás adulterio.

VIII

No hurtarás.

IX

No hablarás contra tu prójimo falso testimonio.

X

No codiciarás la casa de tu prójimo, no codiciarás la esposa de tu prójimo, ni su siervo, ni su criada, ni su buey, ni su asno, ni cosa alguna de tu prójimo.

Ningún ser humano tiene derecho a cambiar estos sagrados mandamientos que fueron grabados en piedra por el dedo de Dios (Éxodo 31:18). Tampoco puede agregar ni quitar nada de ellos (Eclesiastés 3:14; Apocalipsis 22:18,19). Jesús nunca autorizó que se hiciera ningún cambio en la ley de Dios; al contrario, reprochó enérgicamente a quienes procuraban cambiar la ley por las tradiciones humanas (S. Mateo 15:3,6,9).

11

Lo que la Biblia enseña del día de reposo

El reposo dado por Dios

1. ¿Cuál es el día de reposo según la ley de Dios? Éxodo 20:8-11

2. ¿Para beneficio de quién se dio el sábado? S. Marcos 2:27

Historia del día de reposo

3. ¿Quién instituyó el sábado, y cuándo lo hizo? Génesis 2:1-3

4. ¿Qué día respetó nuestro Señor Jesucristo? S. Lucas 4:16

5. ¿Qué día guardaba la Virgen María? S.Lucas 23:56

6. ¿Qué día respetaban los santos apóstoles? Hechos 17:2

7. ¿Qué día se guardará en la Tierra Nueva? Isaías 66:22,23

¿Qué debo hacer?

1. Tener cuidado para no profanar el sábado. Isaías 56:2
2. Venerar el sábado haciendo la voluntad de Dios. Isaías 58:13,14
3. Obedecer a Dios antes que a los hombres. Hechos 5:29

Mi resolución

*Creo que **el sábado es el día del Señor.***
Me comprometo a respetarlo fielmente.

✍ **La historia de la observancia del sábado.** Comenzó en la creación (Génesis 2:1-3). Abrahán respetó la ley de Dios (Génesis 26:5). El sábado fue santificado por los hebreos antes de la promulgación escrita de la ley (Éxodo 16:21-30; 20:8-11). Jesús lo observó (S. Marcos 1:21; S. Lucas 4:16; 6:5,6). Fue respetado por la Virgen María (S. Lucas 23:55,56). Los apóstoles lo observaron (Hechos 13:14,44; 17:2; 18:4). Se guardará, también, en el cielo (Isaías 66:22,23).

✍ **Nadie tiene derecho a efectuar cambios en lo que Dios manda.** Dios es inmutable, no cambia (Malaquías 3:6). Jesús tampoco cambia (Hebreos 13:8). Ni los seres humanos, ni las instituciones tienen derecho a efectuar cambios en la ley de Dios (Eclesiastés 3:14; S. Mateo 5:18,19; 15: 6,9).

✍ **El cristiano debe seguir el ejemplo de Jesús.** Jesucristo respetó los mandamientos y guardó el sábado (S. Lucas 4:16). El verdadero cristiano sigue en todo el ejemplo de Jesús (S. Juan 14:15; 1 S. Pedro 2:21; 1 S. Juan 2:3,6).

EL DOMINGO NO ES EL DÍA DE REPOSO BÍBLICO

En el Nuevo Testamento aparece ocho veces la expresión "primer día de la semana" (S. Mateo 28:1; S. Marcos 16:2,9; S. Lucas 24:1; S. Juan 20:1,19; Hechos 20:7; 1 Corintios 16:2). En todas estas citas bíblicas la expresión se refiere al domingo, y en ninguna se le atribuye a este día una significación religiosa. En contraposición, la palabra 'sábado' aparece 59 veces, usando la palabra *sabbaton* que, en sí, significa 'reposo'.

"Podéis leer la Biblia desde el Génesis hasta el Apocalipsis y no encontraréis una sola línea que autorice la santificación del domingo. Las Escrituras hablan de la observancia religiosa del sábado, día que nosotros jamás santificamos" (Cardenal Gibbons, *Faith of Our Fathers*, p. 98).

¿CÓMO SE PRODUJO EL CAMBIO?

La Biblia predice atentados contra la santa ley de Dios (Daniel 7:25; 8:12). Cristo y los apóstoles advirtieron que vendrían falsos maestros que enseñarían el error y engañarían a muchos (S. Mateo 24:24; Hechos 20:28,30; 2 Tesalonicenses 2:3,4).

La Biblia dice que los primeros creyentes de Berea "recibieron la Palabra de todo corazón", pero no la recibieron ciegamente, sino que "examinaban cada día las Escrituras, para ver si esas cosas eran así" (Hechos 17:11). Si los cristianos hubieran seguido estudiando las Escrituras, se habrían dado cuenta del error que se estaba introduciendo en la iglesia con respecto al día de reposo.

Durante un tiempo, algunos cristianos guardaban el domingo y otros el sábado, mientras que un tercer grupo procuraba observar los dos días. En el año 321, Constantino publicó un decreto por el cual ordenaba que se santificara únicamente el domingo: "En el venerable día del Sol, que descansen los magistrados y los habitantes de las ciudades, y que cesen todos los negocios" (*Codex Justinianus*, III, 12, 3, decreto publicado el 7 de marzo del 321).

August Neander, eminente exprofesor de Historia Eclesiástica de la Universidad de Berlin, declara: "La observancia del domingo [...] siempre ha sido una ordenanza humana; los apóstoles ni siquiera imaginaron establecer un mandamiento divino al respecto, como tampoco la iglesia apostólica primitiva intentó trasladar al domingo las prescripciones del sábado".

RESTAURACIÓN DEL SÁBADO

Dios había predicho esta apostasía, pero señaló también que la observancia del sábado sería restaurada en los últimos días por un pueblo que sería "reparador de muros caídos" (Isaías 58:12-14). Dicho pueblo sería conocido por guardar los mandamientos de Dios y tener la fe de Jesús (Isaías 66:23; Apocalipsis 12:17). En cumplimiento de esta profecía, la Iglesia Adventista del Séptimo Día observa el sábado como día de reposo.

EL SELLO DE DIOS

Tres veces en el Apocalipsis se identifica al grupo de los fieles. La primera vez, se dice que tienen en su frente "el sello del Dios vivo" (Apocalipsis 7:2,3). La segunda vez, menciona que en su frente está inscrito el "nombre", es decir, el carácter de Dios (Apocalipsis 14:1). La frente simboliza el intelecto, el modo de pensar, de manera que tener el sello de Dios equivale a llevar el carácter de Dios impreso en nuestra mente. La tercera vez que Dios identifica a su pueblo, dice: "¡Aquí está la paciencia de los santos, los que guardan los mandamientos de Dios y la fe de Jesús!" (Apocalipsis 14:12).

Si comparamos estas tres citas, podemos comprender que el sello que Dios coloca en su pueblo, la característica distintiva que lo identifica, no es una señal visible. El rasgo que los identifica es su fidelidad en la observancia de los mandamientos, incluyendo el cuarto, el que nos manda observar el sábado como día sagrado de reposo. Esto mismo es lo que significa tener el "nombre" o el carácter de Dios escrito en la frente, pues la ley de Dios es un trasunto de su carácter.

12

Lo que la Biblia enseña de cómo guardar el sábado

La forma correcta de respetar el sábado

1. ¿Qué hizo Dios con el sábado? Génesis 2:1-3

___

2. ¿En qué día se deben hacer los preparativos? Éxodo 16:22,28

___

3. ¿Cuándo comienza el sábado? Levítico 23:32

___

4. ¿De qué hay que abstenerse en sábado? Éxodo 20:10

___

5. ¿Adónde debemos ir el día sábado? S. Lucas 4:16

___

6. ¿Qué se puede hacer en sábado? S. Mateo 12:12

___

Bendiciones al que obedece a Dios

7. ¿Qué promesa hace Dios a quien es fiel? Salmo 37:3,4,25

___

8. ¿Qué protección brindará Dios a quien lo obedece? Deuteronomio 11:13-15

___

¿Qué debo hacer?

1. Obedecer fielmente lo que Dios manda. Santiago 4:17
2. Confiar plenamente en Jesús. Filipenses 4:13

Mi resolución

*He decidido **guardar fielmente el santo sábado**, siguiendo el ejemplo de Jesús.*

- **Dios nos manda a respetar el sábado**. Dios requiere la cesación del trabajo regular (Éxodo 16:23; 20:8-11; 34:21). No se debe comprar ni vender (Nehemías 10:31; 13:15-20). Nos corresponde el privilegio especial de asistir al culto religioso cada sábado (Hebreos 10:25), siguiendo así el ejemplo de Jesús (S. Lucas 4:16) y los apóstoles (Hechos 17:2). En sábado también es propio realizar obras de bien (S. Mateo 12:12; S. Marcos 3:4).
- **Es necesario obedecer a Dios en todo** (S. Mateo 7:21). Hemos de obedecer los diez mandamientos, y no sólo nueve (Santiago 2:10,11). Nuestra motivación a la obediencia tiene que ser el amor (S. Juan 14:15).
- **La observancia del sábado nos proporciona bendiciones.** Cuando guardamos el sábado recibimos las bendiciones prometidas (Deuteronomio 11:26-28; Salmo 37:25; Isaías 41:10; 58:13,14).

LA OBSERVANCIA DEL SÁBADO

La parte central de la celebración del sábado está constituida por un culto de adoración a Dios que, generalmente, se celebra durante la mañana. Dicho culto consta de dos partes. La primera consiste en el estudio de la Biblia en grupos, que se llama Escuela Sabática. Luego viene el culto de adoración propiamente dicho, en el cual se expresan alabanzas y agradecimiento a Dios por su bondad. Los creyentes participan en el culto activamente por medio del canto, la oración, la lectura de la Biblia y la entrega de ofrendas. El punto central del culto es una exhortación y explicación de la Palabra de Dios llamada sermón.

La tarde del sábado se dedica generalmente a estar con la familia, a salir a contemplar la naturaleza o bien a leer algo provechoso y a conversar de temas espirituales.

Durante el sábado también hay lugar para actividades de testificación, en las que se comparte el mensaje de salvación con los demás. Generalmente también hay una reunión dedicada a los jóvenes.

Para no distraer la mente hacia las cosas comunes, durante las horas del sábado no se conecta la radio ni la televisión, y se evitan las conversaciones y las lecturas seculares.

¿CUÁL ES LA VERDAD?

Siendo que tantos millones de cristianos santifican el domingo, muchos se preguntan perplejos: "¿Quién tiene la razón?" Nada más fácil de resolver. Debemos preguntarnos con absoluta sinceridad: "¿Cuál es la verdad?" Luego, cuando la hayamos descubierto en la Biblia, debemos obedecerla fielmente.

Complementario 12

Sabemos que la Biblia contiene la verdad (S. Juan 17:17). La Biblia establece como único día de reposo el sábado. Y ciertamente "la palabra de nuestro Dios permanece para siempre" (Isaías 40:8).

Jesús es la revelación más pura de la verdad. Su misión era "dar testimonio de la verdad" (S. Juan 18:37). Él guardó únicamente el sábado, y nos enseñó que debemos seguir su ejemplo (S. Juan 13:15,17). "Jesucristo es el mismo ayer, hoy y por los siglos" (Hebreos 13:8).

La ley de Dios es la verdad (Salmo 119:142). En ella se especifica claramente la santidad del sábado. Y los mandamientos han sido establecidos para siempre porque la ley de Dios es eterna (Salmo 119:152).

Dios es la fuente suprema de la verdad, y Jesús, la Biblia y la ley, son exponentes de la verdad, que enseñan con claridad la santidad del sábado. Con el Salmista, digamos pues: "Escogí el camino de la verdad" (Salmo 119:30).

POR QUÉ GUARDAR EL SÁBADO

Si alguien nos preguntara: "¿Por qué guarda usted el sábado?" Podríamos responder con cinco razones incontrovertibles:

1. Quiero ser fiel en obedecer la Biblia, porque la Palabra de Dios me enseña que el sábado es el día del Señor (S. Marcos 2:27,28) y debo observarlo como un día santo (Génesis 2:3).
2. Quiero ser un fiel hijo de Dios, y él fue el Creador del sábado (Génesis 2:1-5).
3. Quiero ser un fiel seguidor de Cristo; por eso tengo que imitarlo (1 S. Pedro 2:21). Jesús respetó el sábado y dijo que no había venido a cambiar los mandamientos (S. Mateo 5:17,18).
4. Quiero seguir también el ejemplo de la Virgen y los apóstoles del Señor Jesucristo que siempre santificaron el sábado (S. Lucas 23:56; Hechos 17:2).
5. Quiero estar con Jesús en la Tierra Nueva, donde el sábado se guardará por toda la eternidad (Isaías 66:22,23).

ILUSTRACIÓN

Un miembro de la iglesia se desanimó y dejó de asistir a los servicios religiosos. El pastor lo visitó y lo encontró sentado junto al fuego. Sin decir palabra, el pastor, con una tenaza sacó una brasa, la separó de las demás y la puso encima de un ladrillo. Muy pronto se apagó. El hermano dijo: "No necesita decirme ni una palabra. El sábado estaré con ustedes en el culto".

13
Lo que la Biblia enseña de la muerte

La vida

1. ¿Quién creó al hombre y a la mujer? Génesis 1:27; 2:7

____

La muerte

2. ¿A qué compara Jesús la muerte? S. Juan 11:11-13

____

3. ¿Saben algo los muertos? Eclesiastés 9:5,6

____

4. ¿Qué ocurre con el "alma"? Ezequiel 18:4

____

5. ¿En qué momento recibiremos la inmortalidad? 1 Corintios 15:52-53

____

6. ¿Debemos consultar a los muertos? Deuteronomio 18:10-12, Isaías 8:19,20

____

¿Qué debo hacer?

1. Consolarme con la esperanza de la resurrección. 1 Tesalonicenses 4:13-18
2. Creer que Jesús me resucitará. S. Juan 11:25
3. Perseverar hasta alcanzar la inmortalidad que Dios nos dará. Romanos 2:7

Mi resolución

Confío en las maravillosas promesas de Dios.
Me entrego a Jesús para obtener la vida eterna.

✍ **La muerte es la cesación total de la vida.** La muerte es un retorno al polvo (Génesis 3:19). No se goza ni sufre más (Eclesiastés 9:5,6). Cesan los pensamientos (Salmo 146:4).

✍ **Inmortalidad.** Sólo Dios es inmortal (1 Timoteo 6:15,16). El hombre es, por naturaleza, mortal (Isaías 51:12; 2 Corintios 4:11). La inmortalidad se nos concederá después de la resurrección (1 Corintios 15:52-55).

✍ **Cristo, nuestra esperanza.** Cristo promete dar la vida eterna a los fieles (S. Juan 3:16; 10:27, 28). Cristo quita la muerte y saca a luz la vida (2 Timoteo 1:10). Jesús tiene las llaves del sepulcro y de la muerte (Apocalipsis 1:18).

LA VIDA Y LA MUERTE

"Cuando el hombre muere, ¿volverá a vivir?" (Job 14:14). Esta es la pregunta que más preocupa al ser humano. Afortunadamente, Dios, en su amor, ha dado amplia respuesta en su Santa Palabra. Nos explica que la vida es la asociación de dos elementos: el polvo (materia) y el aliento de vida (espíritu) que proviene de Dios (Génesis 2:7). La muerte es el proceso inverso: el polvo vuelve a la tierra y el aliento de vida, o principio vital impartido por el Creador, regresa a Dios que lo dio (Eclesiastés 12:7). La causa real de la muerte es el pecado (Romanos 6:23). La muerte pasó a todos los seres humanos porque todos han pecado (Romanos 5:12).

¿A DÓNDE VAN LOS MUERTOS?

Según la Biblia, los muertos van al sepulcro, donde duermen hasta el regreso de nuestro Señor Jesucristo. En la Biblia no se menciona el purgatorio. Tampoco dice que los muertos vayan al cielo en el momento de morir. Al contrario, dice que la recompensa se dará a los justos cuando vuelva nuestro Señor Jesús y se produzca la resurrección (Apocalipsis 22:12).

¿PODEMOS COMUNICARNOS CON LOS MUERTOS?

Algunas personas intentan comunicarse con los muertos a través de médiums espiritistas. Pero la Biblia enseña que los muertos no saben nada (Eclesiastés 9:5,6); por lo tanto, no pueden comunicarse con los vivos, ni los vivos con ellos.

Entonces, ¿con quiénes se comunican los espiritistas? No olvidemos que la primera mentira de Satanás se refirió a este asunto. Dios había dicho a Adán y a Eva que si pecaban morirían, pero Satanás les dijo: "No moriréis"

(Génesis 3:4). Y sigue tratando de engañar con respecto a la muerte. Está empeñado en sostener su mentira original. Puede hacerlo fácilmente porque "se disfraza de ángel de luz" (2 Corintios 11:14). Por lo tanto, los demonios son capaces de hacerse pasar por una persona que murió. Muchos de los fenómenos aparentemente inexplicables o sorprendentes son provocados por "espíritus de demonios, que hacen señales" (Apocalipsis 16:14).

Por eso se nos advierte: "No creáis a todo espíritu, sino probad si los espíritus son de Dios" (1 S. Juan 4:1). Dios, en la Biblia, condena terminantemente cualquier práctica ocultista o espiritista (Levítico 19:31; 20:27; Isaías 8:19).

UNA MARAVILLOSA ESPERANZA

1. *La muerte es como un sueño.* Después de un arduo día de trabajo viene el sueño al cansado; Dios concede a sus amados el sueño de la muerte (S. Juan 11:11-14).
2. *La resurrección es un despertar.* La muerte no es el fin de todo. La despedida de un ser querido que parte no es definitiva; es simplemente un 'hasta luego'. En la Biblia, en muchos lugares, se habla de la esperanza bendita de la "resurrección" (Isaías 26:19; S. Juan 6:40; 1 Tesalonicenses 4:16).
3. *La transformación.* Al resucitar se poseerá un nuevo cuerpo, una nueva mente (1 Corintios 15:42-44, 51-56; Filipenses 3:20,21).
4. *La inmortalidad.* Dios eliminará la muerte para siempre. Lo mismo hará con todas las demás desgracias producidas por el pecado. Al reunirnos con nuestros seres amados, lo haremos con la plena seguridad de que nunca más seremos separados de ellos por la muerte (Isaías 25:8; S. Lucas 20:36).

Esta maravillosa esperanza debe fortalecer nuestra fe y ayudarnos a creer en las promesas de Dios. Cuando muera un ser querido, tendremos la natural tristeza humana, pero nuestro llanto no será de desesperación, porque "el justo aun en su muerte tiene esperanza" (Proverbios 14:32).

ILUSTRACIÓN

En un epitafio se leía: "Silencio, el abuelito está durmiendo".

Cuánta verdad encierra esta cariñosa expresión: la muerte es un sueño; el glorioso despertar será la resurrección.

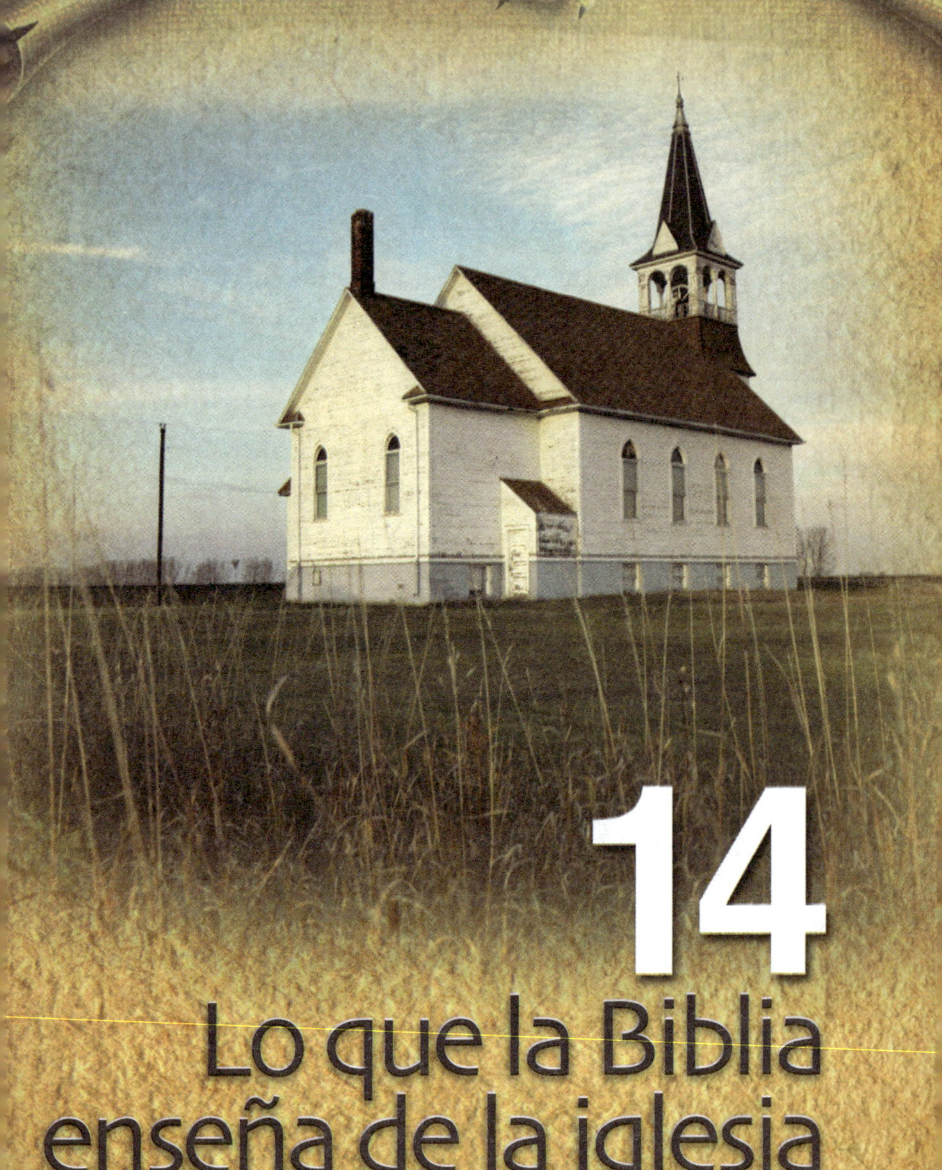

14
Lo que la Biblia enseña de la iglesia

Organización de la iglesia

1. **¿Quién es la piedra angular de la iglesia?** Efesios 2:20

2. **¿Cuáles son algunos de los dones que el Señor ha dado para la edificación de su iglesia?** Efesios 4:11,12

3. **¿Cuál es la triple misión de la iglesia?** S. Mateo 4:23

4. **¿Cómo debe gobernarse la iglesia?** Hechos 6:1-4, 1 Corintios 12:25,27

Características de la iglesia verdadera

5. ¿Qué ejemplo debe seguir la iglesia? S. Juan 13:15

6. ¿Cuáles son las características de la iglesia verdadera? Apocalipsis 12:17

7. ¿Qué don en particular poseerá la iglesia? Apocalipsis 19:10

¿Qué debo hacer?

1. Unirme a la iglesia verdadera. Hechos 2:41
2. Permanecer fiel y firme. 2 S. Pedro 1:10-12

Mi resolución

Creo que ***Jesús fundó la iglesia.***
Me uniré a ella y seré fiel hasta el fin.

- ✍ **El fundamento de la iglesia.** Cristo es la piedra angular que da firmeza y seguridad a la iglesia (Efesios 2:20-22). Nadie puede poner otro fundamento (1 Corintios 3:11).
- ✍ **Los dirigentes de la iglesia.** Cristo es la cabeza de la iglesia (Efesios 1:22). El apóstol Pablo menciona a algunos de los dirigentes humanos de la iglesia (Efesios 4:11,12); describe las cualidades que debe tener un anciano (1 Timoteo 3:1-7; Tito 1:7-9), y especifica asimismo las características de los diáconos (1 Timoteo 3:8-13) y las diaconisas (1 Timoteo 3:11).
- ✍ **Los ritos de la iglesia:**
  1. Bautismo por inmersión (S. Mateo 3:13-17).
  2. Lavamiento de los pies (S. Juan 13:4-17).
  3. Comunión o Santa Cena (1 Corintios 11:23-29).
  4. Imposición de manos para ordenar a pastores, ancianos o diáconos (Hechos 13:2,3).
  5. Matrimonio (S. Mateo 19:4-6).
  6. Ungimiento de los enfermos (Santiago 5:14,15).
- ✍ **La misión de la Iglesia.** Ser columna y baluarte de la verdad (1 Timoteo 3:15), ser pura y santa (Efesios 5: 25-27) y predicar el evangelio (S. Mateo 24:14).

LA IGLESIA CRISTIANA

¿Quién es la "roca", la piedra angular que da firmeza y seguridad a la iglesia? El mismo apóstol Pedro nos dice que es Jesucristo (1 S. Pedro 2:6-8). Dice que los creyentes, al estar conectados con Cristo, también se convierten en material sólido y firme, en piedras vivas capaces de ser "edificados como casa espiritual" (1 S. Pedro 2:5; Efesios 2:19-22). Esa "casa espiritual" es la iglesia.

EL GRAN DRAMA DE LA IGLESIA

Durante el primer siglo, la iglesia se mantuvo fiel a la doctrina genuina de Jesús. Ya en ese tiempo aparecieron intentos de introducir herejías y graves errores, pero se detuvieron cuando los apóstoles llamaron seriamente la atención sobre ellos (Colosenses 2:8,18; Tito 1:14; 2 S. Pedro 2:1,2; 1 S. Juan 4:1-3).

Sin embargo, después de la muerte de los apóstoles, volvieron a aparecer algunos de los mismos errores e incluso otros. Tal como se había profetizado, la verdad fue echada por tierra (Daniel 8:12). Pero la profecía también dejaba claro que antes del fin la verdad resurgiría gloriosamente para ser predicada por un pueblo que anunciaría un triple mensaje de amonestación y advertencia al mundo en los últimos días (Apocalipsis 14:6-12).

CARACTERÍSTICAS DE LA IGLESIA VERDADERA

La iglesia verdadera de los últimos días poseerá la fe de Jesús y respetará los mandamientos de la ley de Dios (Apocalipsis 14:12), incluyendo el cuarto mandamiento que ordena la observancia del sábado como día de reposo (Éxodo 20:8-11). Asímismo se manifestará dentro de ella de modo evidente el Espíritu de profecía (Apocalipsis 12:17; ver 19:10); se guiará en todo por lo que dice la Santa Palabra de Dios (Isaías 8:20; 2 Timoteo 3:16); sustentará un dinámico y triple programa de evangelización siguiendo el ejemplo de Cristo (S. Mateo 4:23); anunciará el juicio inminente (Apocalipsis 14:7); y predicará con poder la segunda venida de Jesús a la tierra (S. Marcos 16:15; Hechos 5:42; 10:42).

La Iglesia Adventista del Séptimo Día surgió en el momento indicado por la profecía y como resultado de un profundo estudio de la Biblia. La Iglesia Adventista presenta las siguientes características distintivas:

1. Manifiesta unidad en sus doctrinas, ritos y gobierno (Efesios 4:3-6).
2. Enseña la observancia de los diez mandamientos (Apocalipsis 14:12).
3. Es un movimiento de alcance mundial (S. Mateo 24:14).

La Iglesia Adventista desarrolla su misión en las tres dimensiones ejemplificadas por el ministerio terrenal de Cristo (S. Mateo 4:23; 9:35):

1. *Predica el evangelio.* Miles de ministros y millones de laicos anuncian las buenas nuevas de salvación tanto de viva voz como también por medio de la radio, de la televisión e Internet, y a través de la página impresa.
2. *Mantiene un programa educativo.* La Iglesia sostiene más de 1,900 colegios y universidades y 5,813 escuelas primarias.
3. *Promueve la buena salud* al enseñar que la salud integral es parte del evangelio. Sostiene, además, cientos de hospitales y centros de salud y decenas de embarcaciones y unidades móviles pilotadas por promotores de salud.

La dirección de la iglesia es la indicada en las Sagradas Escrituras. La iglesia es gobernada con el consejo de todos sus miembros, como en los tiempos apostólicos.

La iglesia practica los ritos prescritos por nuestro Señor Jesucristo y los apóstoles.

La Iglesia Adventista del Séptimo Día ha sido suscitada por Dios para rescatar del olvido las verdades eternas del evangelio. La Biblia, las enseñanzas de nuestro Señor Jesucristo y los apóstoles, y la ley de Dios, son la norma de conducta de la iglesia y de los creyentes.

La Iglesia Adventista es la continuación histórica del pueblo remanente que Dios siempre ha tenido como pregonero de la verdad a través de todos los tiempos.

15
Lo que la Biblia enseña del don de profecía

El don profético

1. **¿A quién revela Dios sus designios?** Amós 3:7

____

2. **¿Cómo se comunica Dios con el profeta?** Números 12:6

____

3. **¿Puede una mujer ser profeta?** Joel 2:28; Hechos 21:9

____

El don profético en la iglesia verdadera

4. **¿Tuvo profetas la iglesia primitiva?** 1 Corintios 12:28

____

5. **¿Qué está predicho del don profético en la iglesia verdadera?** Apocalipsis 12:17; 19:10

____

Nota: Los adventistas del séptimo día creen que la promesa del don profético se cumplió en el ministerio de Elena G. de White.*

¿Qué debo hacer?

1. **Apreciar las profecías.** 1 Tesalonicenses 5:20
2. **Estar atento a las profecías.** 2 S. Pedro 1:19
3. **Creer en los profetas.** 2 Crónicas 20:20

---

* Le recomendamos leer el libro *El camino a Cristo*, escrito por Elena G. de White.

Mi resolución

Acepto el don de profecía
otorgado por Dios a su iglesia.

✍ **El don de profecía.** Un profeta habla en nombre de Dios (Deuteronomio 18:15,18). Recibe revelaciones por medio de sueños y visiones (Números 12:6; Joel 2:28) y las transmite al pueblo (Jeremías 42:4). Las visiones, en algunos casos, van acompañadas de notables fenómenos físicos:

- el profeta pierde la fuerza física (Daniel 10:8, 17)
- queda inconsciente (Daniel 10:9)
- no respira (Daniel 10:17)
- sus ojos permanecen abiertos (Números 24:3, 4)
- recibe fuerza sobrehumana (Daniel 10:18)

✍ **El don de profecía en la mujer.** El don de profecía fue concedido también a muchas nobles mujeres: María (Éxodo 15:20), Débora (Jueces 4:4), Hulda (2 Reyes 22:14), Ana (S. Lucas 2:36), las cuatro hijas de Felipe (Hechos 21:8,9).

✍ **Profetas falsos y verdaderos.** Dios previene contra los falsos profetas (S. Mateo 7:15; 24:24; 1 S. Juan 4:1). Características del profeta verdadero:

- habla de acuerdo con la Palabra de Dios (Isaías 8:20)
- sus predicciones se cumplen (Jeremías 28:9)
- no induce al pueblo a apartarse de Dios (Deuteronomio 13:1-3)
- declara lo que Dios le inspira y no habla por sí mismo (Jeremías 14:14)
- conduce al pueblo a abandonar el pecado y obedecer a Dios (Jeremías 23:21,22)

ELENA G. DE WHITE: SU VIDA Y SUS ESCRITOS

El Espíritu de profecía se manifestó en la Iglesia Adventista del Séptimo Día a través del ministerio de Elena G. de White. Ella nació en el estado de Maine, Estados Unidos, el 26 de noviembre de 1827.

Su educación formal fue muy breve, lo cual no impidió que se convirtiera en una activa oradora y una prolífica escritora.

En 1840, a los doce años, fue bautizada por un pastor metodista.

En 1842, Elena, junto con varios miembros de su familia, asistió a unas reuniones adventistas en Portland, Maine, y aceptó el mensaje de que Cristo muy pronto volvería a la tierra.

Una mañana de diciembre de 1844, estando reunida con otras personas para orar, tuvo su primera visión, en la cual vio el viaje del pueblo de Dios hacia la ciudad de Dios. Relató la visión a los creyentes de Portland, quienes la aceptaron como luz del cielo. Luego realizó una serie de viajes para relatar esa y otras visiones y, a la vez, luchar contra movimientos fanáticos que pugnaban por entrar en el grupo de creyentes.

En 1846 se casó con Jaime White. Tuvieron cuatro hijos varones. El pastor White falleció en 1881.

Complementario 15

Miles de personas tuvieron la oportunidad de ver a la Sra. White en visión. Se manifestaban en ella los mismos fenómenos descritos en la Biblia respecto a los profetas de la antigüedad. En sus visiones era transportada a otros países y veía algunas personas a quienes posteriormente reconoció en sus viajes.

Una de sus visiones más importantes fue sobre el "Gran conflicto entre el bien y el mal". Otra visión muy importante fue sobre la salud.

En el ministerio de Elena G. de White se manifestaron todas las características de un profeta verdadero:

- Sus mensajes concordaban perfecttamente con "la ley y el testimonio" (Isaías 8:20), o sea, con la Biblia.
- Sus predicciones se cumplieron (Jeremías 28:9).
- Todos sus mensajes estimulaban a la gente a acercarse más a Dios (Deuteronomio 13:1-3) y a estudiar más la Biblia.
- Declaraba fielmente lo que Dios le indicaba que hablara y escribiera, y no expresaba sus propias ideas (Jeremías 14:14).
- Animaba al pueblo a buscar a Dios y apartarse del pecado (Jeremías 23:22).

MISIONERA

Junto con su esposo Jaime, Elena G. de White viajó extensamente por los Estados Unidos, predicando, ayudando en la organización de la iglesia y luchando contra diversos problemas y errores. Desde el otoño de 1885, hasta el verano de 1887 estuvo en Europa. En 1891 fue a Australia, donde ayudó a establecer y consolidar la obra.

ESCRITORA

Elena G. de White escribió miles de páginas y alrededor de cincuenta libros. Entre sus títulos más conocidos figuran *El camino a Cristo, El conflicto de los siglos, El Deseado de todas las gentes, Patriarcas y profetas, La educación, El ministerio de curación, Conducción del niño, Consejos sobre alimentación* y *El hogar cristiano* (recopilación).

ILUSTRACIÓN

Una distinguida dama había oído hablar de Elena G. de White pero tenía muchas dudas sobre su ministerio. "¿Cómo puedo creer que Dios habló por medio de ella?", se preguntaba. Una amiga le prestó un ejemplar del libro *El Deseado de todas las gentes*. Leyó cuidadosamente el libro y se maravilló de su mensaje. Posteriormente, alguien quiso desalentarla diciéndole:

—No vayas a creer en eso, porque esa mujer estaba loca.

A lo que la dama respondió:

—Si eso era locura, yo quisiera ser esa clase de loca. Este libro me ha ayudado a conocer a Cristo y a amarlo más.

16 Lo que la Biblia enseña de las normas cristianas

Principios de salud

1. ¿Cómo considera Dios el cuerpo humano? 1 Corintios 6:19,20

2. ¿Cuál es la alimentación ideal para los seres humanos? Génesis 1:29

3. ¿Qué carnes son particularmente inconvenientes? Levítico 11:3-20

4. ¿Por qué prescindimos de las bebidas alcohólicas? Proverbios 20:1

5. ¿Por qué conviene abstenerse del tabaco, las drogas, el café y otras sustancias dañinas? 1 Corintios 3:16,17

Normas de vida

6. ¿Cómo debe ser nuestro arreglo personal? 1 Timoteo 2:9,10

7. ¿Por qué debemos elegir cuidadosamente nuestros pasatiempos (películas, música, lectura, etc.)? Filipenses 4:8; Colosenses 3:2

¿Qué debo hacer?

1. Desarrollar un carácter cristiano. Filipenses 2:12-15
2. Seguir en todo el ejemplo de Jesús. 1 S. Juan 3:2,3

Mi resolución

*Creo que **mi cuerpo es templo del Espíritu Santo**. Por lo tanto, me abstendré de todo alimento y bebida perjudiciales; además, adoptaré un estilo de vida cristiano en mi forma de vestir y de recrearme.*

- ✍ **Estrecha relación entre la salud y la vida espiritual.** Existe una relación directa entre la salud física y la vida espiritual. Lo que afecta al cuerpo también afecta al espíritu y viceversa (Éxodo 15:26, Levítico 11:45-47).
- ✍ **El cuerpo es un templo consagrado a Dios.** Dios considera nuestro cuerpo un templo, ya que él vive en nosotros (1 Corintios 6:19). Atentar contra la salud es un pecado contra Dios (1 Corintios 3:16,17; 1 Tesalonicenses 5:23).
- ✍ **No debemos robarle a Dios nuestra dedicación completa.** Debemos mantener nuestros cuerpos en la mejor condición física posible, y bajo una constante influencia espiritual. [...] Los que acortan sus vidas [...] y no hacen caso de las leyes naturales, son culpables de robarle a Dios" (Elena G. de White, *Consejos sobre salud*, p. 34).

ALCOHOL, TABACO Y OTRAS DROGAS

La Biblia advierte contra las bebidas alcohólicas (Proverbios 20:1; Isaías 28:7; S. Lucas 1:15; 1 Corintios 6:9,10; Efesios 5:18).

El tabaco no se conocía en los tiempos bíblicos. Es originario de América. Sin embargo, su uso se ha propagado por todo el mundo. Cada cigarrillo contiene alquitrán y muchas otras sustancias nocivas. El tabaco afecta al corazón, a los pulmones, al olfato, al estómago y a la vista; es una de las principales causas evitables de cáncer, enfisema y muchas otras enfermedades. Todo aquel que desea ser un hijo de Dios, debe librarse de este terrible vicio (2 Timoteo 2:21).

Tampoco debemos utilizar otras sustancias que contienen drogas y venenos como es el caso del café, el té y el mate. Mucho menos haremos uso de narcóticos y estupefacientes como la marihuana, cocaína y otros.

EL CONSUMO DE CARNE

No fue el plan de Dios que se consumiera carne. El régimen dado por el Señor era de plantas, semillas y fruta (Génesis 1:29). En la vida futura, aun los carnívoros dejarán de matar para alimentarse (Isaías 11:6,7). Después del diluvio, cuando no había otro alimento disponible, el Señor concedió permiso provisional para comer carne (Génesis 9:3).

Algunas personas, por determinadas razones y circunstancias, no pueden seguir un régimen vegetariano. Para ellas, el Señor ha indicado en el capítulo 11 del libro de Levítico cuáles son las carnes inconvenientes.

A continuación, veamos un resumen de estas instrucciones:

- **Carne:** Se permite comer la de animales que tengan pezuña hendida y rumien. Si falta una o las dos características no se debe comer su carne (Levítico 11:3-8).

- **Pescados:** Se pueden consumir los que tienen aletas y escamas. No se debe consumir ningún otro tipo de animales acuáticos (Levítico 11:9-12).
- **Aves:** No se deben comer las aves de rapiña ni las nocturnas (Levítico 11:13-19).
- **Sangre:** Se prohíbe el uso de la sangre como alimento (Levítico 17: 13,14).

LA PALABRA CLAVE DE LA BUENA SALUD

Un excelente resumen del cuidado de nuestro cuerpo se encuentra en la palabra ADELANTE. Cada letra corresponde a uno de los ocho remedios naturales:

A gua pura	**A** ire puro
D escanso	**N** utrición adecuada
E jercicio físico	**T** emperancia
L uz solar	**E** speranza en Dios

Agua pura. Hay que tomar cada día entre seis y ocho vasos de agua. El agua ayuda a regular la digestión y facilita la circulación de la sangre y la eliminación de impurezas.

Descanso. Es esencial disfrutar de siete a ocho horas de sueño cada noche. La falta de sueño aumenta la depresión y la irritabilidad, y disminuye las defensas del cuerpo.

Ejercicio. El ejercicio es esencial para fortalecer el corazón y los pulmones. Sirve, además, para mejorar la digestión y promover la paz mental, y aumenta la resistencia a las enfermedades.

Luz solar. La luz solar es un germicida natural que ahuyenta muchas enfermedades. Fortalece la sanidad del cuerpo y del hogar. Es esencial en la producción de la vitamina D y promueve la alegría y el buen ánimo.

Aire puro. La respiración profunda de aire puro aporta oxígeno a la sangre y fortalece la reproducción celular y la resistencia a las enfermedades.

Nutrición adecuada. Es importante ingerir una cantidad adecuada —no excesiva— de una variedad de alimentos sanos. Hay que preparar la comida de la forma más sencilla y natural que sea posible, evitando el uso de especias picantes, estimulantes y frituras, y el exceso de azúcar.

Temperancia. La temperancia significa abstenerse totalmente de lo que es dañino y hacer un uso moderado de lo bueno, manteniendo un adecuado equilibrio en todos los aspectos de la vida.

Esperanza en Dios. Este término se refiere a la fe, la confianza en el poder y la bondad de Dios. Se logra mediante una vida de comunión con él a través de su Palabra y de la oración. Este principio, más que cualquier otro, promueve la paz mental y la salud de todo el organismo.

17
Lo que la Biblia enseña del bautismo

El verdadero bautismo

1. ¿Quién estableció el bautismo? S. Mateo 28:18-20

2. ¿Qué simboliza el bautismo bíblico (el que se practica por medio de la inmersión en el agua)? Romanos 6:4,5

3. ¿Qué importancia tiene el bautismo para el creyente? S. Marcos 16:15,16

Resultados del bautismo

4. ¿Qué dos bendiciones se reciben con el bautismo? Hechos 2:38

5. ¿A qué institución divina se unen los bautizados? Hechos 2:41,42,47

6. ¿Qué cambio produce el bautismo? Romanos 6:4

¿Qué debo hacer?

1. Creer en el Señor Jesús. Hechos 8:37
2. Abandonar el pecado. Romanos 6:11-13
3. Solicitar ser bautizado. Hechos 8:35-38
4. Responder prestamente al llamado de Dios. Hebreos 4:7

Mi resolución

Creo en el bautismo por inmersión.
Deseo ser bautizado siguiendo el ejemplo de Jesús.

¿QUÉ ES EL BAUTISMO?

La palabra bautismo viene de un vocablo griego que significa "sumergir". El bautismo simboliza el entierro de la vida antigua, la que murió cuando aceptamos a Cristo, y el nacimiento a una vida nueva en Cristo. Nos hace partícipes de la muerte y resurrección de nuestro Señor Jesucristo (Romanos 6:3,4). Jesús no necesitaba bautizarse, pues no había cometido ningún pecado; pero lo hizo para darnos ejemplo (S. Mateo 3:14,15; S. Juan 13:15). Somos bautizados por indicación expresa de Jesús y en nombre de la Santísima Trinidad (S. Mateo 28:19).

¿QUIÉN PUEDE SER BAUTIZADO?

Puede ser bautizado todo aquel que cumpla las condiciones requeridas. Entre esas condiciones destacan:

1. Creer en el Señor Jesucristo (S. Marcos 16:15,16; Hechos 8:36-38).
2. Arrepentirse de los pecados (Hechos 2:38).
3. Conocer las doctrinas de la Biblia (S. Mateo 28:20).
4. Poner en práctica las normas de la vida cristiana (S. Mateo 7:21).

Si se tienen en cuenta estas condiciones, es evidente que un niño recién nacido no puede ser bautizado, puesto que no es capaz de entender, creer, o arrepentirse. Pero sí puede hacerlo un menor que comprenda el compromiso que esto supone y se consagre a Dios de corazón. Si hemos sido bautizados sin nuestro consentimiento —como recién nacidos—, y sin una comprensión cabal de toda la verdad, de forma indebida, o si nos hemos apartado de la verdad, la Biblia autoriza a efectuar un nuevo bautismo (Hechos 19:1-5).

FORMA CORRECTA DE BAUTISMO

El bautismo debe ser por inmersión, es decir, cubriendo enteramente a la persona con agua. Esto lo enseña:

1. El significado original de la palabra, que significa precisamente 'sumergir'.
2. La costumbre de Jesús y de los apóstoles de bautizar por inmersión.
3. El simbolismo de sepultura y resurrección (Romanos 6:4).

Además, el Evangelio nos dice que Juan el Bautista buscó un lugar en el río donde "había mucha agua" para realizar el bautismo (S. Juan 3: 23), y después de ser bautizado, Jesús "subió del agua" (S. Mateo 3:16).

Dice el cardenal James Gibbons: "Durante algunos siglos, después de la fundación del cristianismo, el bautismo fue conferido ordinariamente por inmersión; pero desde el siglo XII ha prevalecido en la Iglesia Católica la práctica de bautizar por aspersión" (*Faith of our Fathers*, p. 256). Monseñor Juan Straubinger, comentando un versículo sobre el bautismo, dice: "Se refiere al bautismo de los primeros cristianos, los cuales se bautizaban sumergiéndose completamente en el agua. Así como Cristo fue sepultado en la muerte, nosotros somos sepultados en el agua del bautismo" (*Nuevo Testamento*, p. 614).

RESULTADO DEL BAUTISMO

Cuando este rito se efectúa con sinceridad es un testimonio público de la renuncia a la vida pecaminosa pasada y del nacimiento a una nueva vida en Cristo.

Se promete a quien recibe el bautismo el perdón de los pecados pasados y el don del Espíritu Santo (Hechos 2:38).

Además, el bautismo señala el inicio de una nueva relación personal con Cristo (Gálatas 3:27). El bautizado ingresa como miembro en la iglesia de Cristo (Hechos 2:41).

DESPUÉS DEL BAUTISMO

Las aguas del bautismo son una tumba líquida donde queda sepultada la vida pasada. En ese momento comienza una nueva vida (Romanos 6:4). Se llama "nueva vida" porque el cambio que se produce abarca todos los aspectos de nuestra existencia (Efesios 4:22-24). Nos cuidamos del mal, confiando en Dios para protegernos del maligno (1 S. Juan 5:18). Ya no somos esclavos del pecado y comienza en nosotros la gran obra de la santificación (Romanos 6:22), que es un proceso de crecimiento constante. Dicha tarea durará toda la vida. No debe haber estancamientos ni retrocesos (Proverbios 4:18).

El secreto de la santificación consiste en la unión permanente con nuestro Señor Jesús. Sin él, nada podemos hacer (S. Juan 15:4,5); con él, todo es posible (Filipenses 4:13). Habrá una lucha constante contra el "viejo hombre", a quien debemos "crucificar" para permitir que Cristo more en nuestro corazón (Gálatas 2:20). No debemos desmayar jamás, sino perseverar hasta el fin (S. Mateo 24:13).

ILUSTRACIONES

Un padre decía que amaba sin límite a su hijo. Le dio todo lo que pudo; trabajaba arduamente para que nada le faltara, incluso le procuró una educación universitaria. Pero olvidó lo más importante: nunca habló de Dios a su hijo, ni lo invitó a seguir a Cristo. Ahora, el hijo es un adulto incrédulo. El padre llora porque ha perdido a su hijo para la eternidad. Lo primero y más importante es llevar a los niños al conocimiento de Jesús.

Cierto pintor se inspiró en Apocalipsis 3:20 que dice: "Yo estoy a la puerta y llamo". Su cuadro resultó muy hermoso, pero un crítico dijo que había olvidado pintar la cerradura de la puerta. El pintor dijo: "Cristo solo llama, la puerta tiene que ser abierta por dentro". Cristo nos llama a todos. Es nuestro privilegio abrir de par en par las puertas de nuestra vida para que pueda entrar y morar con nosotros.

18
Lo que la Biblia enseña del plan de Dios para la predicación del evangelio

Dios es el dueño de todo

1. ¿A quién pertenece el universo? Salmo 24:1; 50:12

2. ¿Qué enormes riquezas posee Dios? Hageo 2:8

3. ¿Gracias a quién obtenemos nuestros bienes? Deuteronomio 8:17,18

La parte de Dios

4. ¿Qué proporción de nuestros ingresos pertenece a Dios? Levítico 27:30,32; S. Mateo 23:23

5. ¿De cuánto tenemos que dar el diezmo? Deuteronomio 14:22

6. ¿Para qué se emplea el diezmo? 1 Corintios 9:13,14

7. ¿Qué bendición promete Dios? Malaquías 3:10

¿Qué debo hacer?

1. Ser un fiel administrador de los bienes de Dios. 1 Corintios 4:2
2. Devolver a Dios los diezmos y las ofrendas. Malaquías 3:8
3. Dar con alegría. 2 Corintios 9:6,7

Mi resolución

***Me comprometo** a entregar con alegría lo que pertenece a Dios.*

✍ **Dios es dueño de todo.** El cielo y la tierra son suyos (Deuteronomio 10:14) y también los animales (Salmo 50:10-12). Suya es toda la riqueza (Hageo 2:8). Le pertenecen nuestro cuerpo y nuestra vida (1 Corintios 6:20).

✍ **Somos mayordomos o administradores de Dios.** El Señor quiere que actuemos como mayordomos de su propiedad (Salmo 8:4-8; S. Mateo 25:14). Todo lo que tenemos es por su ayuda y bendición (Deuteronomio 8:18; Proverbios 10:22). Nuestro Padre celestial sabe que las cosas materiales son necesarias (S. Mateo 6:32), pero nos advierte contra el peligro de amar el dinero (1 Timoteo 6:10). Debemos ser mayordomos fieles (1 Corintios 4:1,2) y dar conforme a las bendiciones que Dios nos haya concedido (Deuteronomio 16:17). Donde esté nuestro tesoro, allí también estará nuestro corazón (S. Lucas 12:33,34).

COLABORADORES CON DIOS

El Hacedor es también el gran Proveedor. Nos da la vida, el sustento y el conocimiento de la verdad. Como demostración de su amor, nos hace sus colaboradores. Lo que nos pide no es porque él lo necesite, sino para que nosotros recordemos nuestra dependencia de él y desarrollemos un espíritu de benevolencia y amor desinteresado.

EL DIEZMO

El diezmo es la décima parte de las ganancias, y pertenece a Dios (Levítico 27:30; 1 Crónicas 29:12,14). Abrahán daba su diezmo a Dios (Génesis 14:20; Hebreos 7:1-7). Jacob hacía lo mismo (Génesis 28:22). Era práctica habitual del pueblo hebreo (2 Crónicas 31:5,6; Nehemías 10:37,38). Nuestro Señor Jesucristo aprobó dicha práctica (S. Mateo 23:23).

"El sistema especial del diezmo se fundaba en un principio que es tan duradero como la ley de Dios. Este sistema del diezmo era una bendición para los judíos; de lo contrario, Dios no se lo hubiera dado. Así también será una bendición para los que lo practiquen hasta el fin del tiempo" (Elena G. de White, *Testimonios para la iglesia,* t. 3, p. 444).

USO SAGRADO DEL DIEZMO

El diezmo siempre fue usado para sostener el ministerio de la Palabra de Dios (Números 18:21). La Biblia enseña con claridad que los ministros deben recibir apoyo económico para poder dedicarse exclusivamente a la obra de Dios (S. Lucas 10:7; 1 Corintios 9:13,14). La Iglesia Adventista del Séptimo Día usa el diezmo para predicar el evangelio y sostener a los ministros. Cada centavo es empleado directamente en la obra de Dios. Se forma así una cadena de salvación. Usted ha conocido la verdad porque otros fueron fieles en devolver su diezmo, ahora usted colaborará para que otros tengan el mismo privilegio.

CÓMO SE ENTREGA EL DIEZMO

Quienes tengan un negocio deben calcular el diezmo de las ganancias. Quiere decir que del ingreso bruto mensual hay que descontar el costo de la mercancía, los gastos de sueldos, alquiler, luz, etcétera. De lo que queda como ganancia neta, se entrega la décima parte. Quienes cobran un sueldo, siendo que todo es ganancia, dan el diezmo del sueldo total.

OTRAS OFRENDAS

El diezmo lo entregamos a Dios porque le pertenece. Nuestra dadivosidad se mide por las ofrendas voluntarias que damos aparte del diezmo. Las ofrendas que se recogen en la Escuela Sabática se destinan a la extensión del evangelio en las misiones extranjeras. Las ofrendas que entregamos a la hora del culto divino son para los gastos de nuestra propia iglesia, o bien para proyectos especiales. La Santa Biblia nos recomienda ser generosos al dar nuestras ofrendas (1 Crónicas 16:29; Salmo 96:8; S. Marcos 12:41-44).

PROMESAS DIVINAS

En el sistema de los diezmos y ofrendas, en realidad Dios quiere ser nuestro Socio. Él, que es el dueño de toda la riqueza, nos invita a participar de las inmensas bendiciones que es capaz de derramar. Por eso nos pide que demos con generosidad y alegría (2 Corintios 9:6,7). Promete estar con nosotros en todo momento (Hebreos 13:5,6) y concedernos bendiciones hasta que sobreabunden (Proverbios 11:24,25; Malaquías 3:10,11).

ILUSTRACIÓN

Un ancianito tenía un árbol que producía manzanas de oro. Cierto año el árbol dio diez preciosas manzanas. Cuando estuvieron maduras, el hombre pidió a un niño que le hiciera el favor de subirse a una escalera para recogerlas.

—Y ¿qué me va a dar? —preguntó el niño.

—Si me recoges las manzanas —le dijo el anciano muy generoso—, te puedes quedar con nueve de ellas. A mí me tienes que dar sólo una.

Rápidamente el niño subió y recogió las manzanas; pero cuando bajó de la escalera, no entregó al anciano ninguna, sino que salió corriendo y se quedó con las diez.

Dice el profeta Malaquías que si no entregamos oportunamente los diezmos y las ofrendas estamos robando a Dios, y privándonos de las enormes bendiciones que él es capaz de derramar en todos los aspectos de nuestra vida.

19
Lo que la Biblia enseña de la vida cristiana

Nueva vida

1. **¿Qué cambio ocurre en la vida al aceptar a Jesús?** 2 Corintios 5:17

2. **¿Qué nueva experiencia tendremos?** 1 Tesalonicenses 5:23

3. **¿Cuál es la actitud correcta ante las pruebas?** 1 S. Pedro 4:12,13

Vida devocional

4. **¿Cuál es el indispensable alimento espiritual diario?** Deuteronomio 6:6-9; Jeremías 15:16

5. **¿Cómo establecemos comunión con Dios?** 1 Tesalonicenses 5:17

Vida de adoración

6. **¿Qué día debemos dedicar a la adoración a Dios?** Isaías 58:12-14

7. **¿Qué acostumbraba a hacer Jesús los sábados?** S. Lucas 4:16

Vida de testimonio cristiano

8. **¿Qué misión confió Dios a su iglesia?** S. Mateo 24:14; 28:19

9. **¿Qué tarea debemos estar preparados para realizar?** 1 S. Pedro 3:15

Guías espirituales

10. **¿Qué actitud debe tener el cristiano hacia sus guías espirituales?** 1 Tesalonicenses 5:12,13

11. **¿Quién es nuestro Guía supremo?** Colosenses 2:6,7

Mi resolución

Con la ayuda de Dios, y siguiendo a Jesús,
procuraré ser fiel.

VIDA NUEVA

Cuando nos entregamos al Señor y nos unimos a su iglesia, comienza una nueva vida. Ocurren, entonces, cambios en nuestra conducta, carácter e ideales. Antes, nuestro interés principal eran las cosas materiales, ahora vivimos en la forma indicada por Cristo (S. Mateo 6: 33). Tenemos por delante la elevada meta de ser semejantes a Jesús (1 S. Pedro 1:15,16; 1 Tesalonicenses 4:3,4).

La nueva vida se dejará ver en el hogar. Las relaciones entre los cónyuges estarán regidas por la paciencia, el respeto, la comprensión y el amor (Efesios 5:22-29). La educación de los hijos ocupará el primer plano de interés; los padres serán firmes y prudentes (Efesios 6:4). Los hijos responderán obedeciendo con alegría (Efesios 6:1).

La vida cristiana no se ejerce solamente en la iglesia, sino en todo lugar y en todo momento.

En cuanto a nuestra relación con los demás, Cristo estableció la regla de oro: Todo lo que quisiéramos que los demás hagan con nosotros, así también debemos hacer con ellos (S. Mateo 7:12).

Se nos recomienda que tengamos mucho cuidado con nuestra forma de hablar y con nuestras palabras (S. Mateo 5:37; Colosenses 3:16).

Las autoridades merecen nuestro respeto y obediencia (Romanos 13:1-3; 1 S. Pedro 2:13,14), sin olvidar que Dios está por encima de todos (Hechos 5:29).

La Biblia además nos enseña que debemos trabajar (2 Tesalonicenses 3:10-12).

VIDA ESPIRITUAL

La vida espiritual es privada y pública. La pública se desarrolla en torno a las actividades de la iglesia, las cuales han sido planeadas para beneficiar, alimentar, animar y fortalecer la fe de los fieles.

1. Principales servicios públicos:

- *Escuela Sabática.* Se celebra todos los sábados por la mañana e incluye un plan de estudio semanal de la Biblia. Hay programas especiales de Escuela Sabática para jóvenes y niños.
- *Culto de adoración.* Se celebra después de la Escuela Sabática. Consiste en cantos de alabanza al Creador, oraciones, lectura bíblica y una predicación en la que se expone y aclara una porción de la Biblia.
- *Sociedad de Jóvenes.* Por lo general, la reunión de la Sociedad de Jóvenes se celebra el sábado por la tarde. Es una reunión especial para los jóvenes y menores, a la que también asisten los adultos.
- *Reuniones de evangelización.* Se llevan a cabo en diversas ocasiones y en ellas se predican las verdades eternas de Jesús.
- *Reunión de oración.* Se efectúa generalmente los miércoles por la noche. Consiste en la presentación de un breve tema bíblico, dejando tiempo para la oración y testimonios, en que los presentes comparten experiencias, motivos de agradecimiento y peticiones a Dios.

2. El funcionamiento de la iglesia. El principal encargado del bienestar espiritual y del buen manejo de la iglesia es el *pastor*. En la mayoría de los casos, el pastor atiende a más de una congregación.

El anciano de la iglesia colabora estrechamente con el pastor y, en su ausencia, es el dirigente y máxima autoridad de la iglesia. *Los diáconos* y *las diaconisas* velan por el cuidado de los aspectos materiales de la iglesia.

Los múltiples aspectos del ministerio llevados acabo por una iglesia requieren la colaboración de muchas personas que sirven de buena voluntad y merecen el respeto y el agradecimiento de todos.

Todos los asuntos de la iglesia son decididos por la *Junta*, que es la autoridad máxima bajo los principios señalados en el *Manual de la Iglesia*.

4. El sostenimiento de la iglesia. La iglesia es sostenida por sus propios miembros, quienes voluntariamente entregan los diezmos, que pertenecen a Dios, y las ofrendas, que sirven para sostener las diversas actividades de la iglesia en el mundo y en el ámbito local.

5. Actividad misionera. Cada miembro de la iglesia es llamado a dedicar sus talentos a la sagrada y gozosa tarea de dar a conocer a otros el mensaje de salvación. Entre las alegrías más profundas de la vida está la de llevar a otros a los pies de Jesús y ver la transformación que se produce en sus vidas cuando se consagran a él.

6. La iglesia mundial. La Iglesia Adventista del Séptimo Día se ha extendido por todo el mundo. Está maravillosamente organizada para cumplir el cometido encargado por Jesús: ir por todo el mundo y predicar el evangelio a toda criatura (S. Marcos 16:15).

7. Los miembros. Los miembros de la iglesia se relacionan de un modo fraternal y se llaman entre sí "hermanos" (S. Mateo 23:8). Unidos por la misma fe y la misma esperanza, se ayudan unos a otros y cultivan entre sí el amor fraternal (1 S. Pedro 1:22).

EL TRIUNFO DE LA IGLESIA

La iglesia que ahora trabaja y milita alcanzará un glorioso triunfo cuando Cristo venga por segunda vez. Mientras tanto, la iglesia no estará libre de problemas, zozobras, peligros, y aun de amenazas y persecución. Pero el Señor la cuidará y preservará hasta el fin (S. Mateo 28:20). Todos los que se mantengan fieles a Dios y a su iglesia, triunfarán con ella.

20
Dios nos llama

Indispensable para la salvación

1. ¿Cuál es la invitación que nos hace el Señor? Hechos 2:38

Tiernas invitaciones de Dios

2. ¿Qué llamado dirigió Jesús a Mateo? S. Lucas 5:27

3. ¿Cómo respondió Mateo? S. Lucas 5:28

4. ¿Qué otro tierno llamado hace Jesús? Apocalipsis 3:20

5. ¿Qué decisión debemos tomar? Hechos 22:16

¿Qué debo hacer?

1. No postergar mi decisión por el Señor. Hechos 24:25
2. Decidirme por Dios junto con mi familia. Josué 24:15
3. Decidirme ahora mismo. Hebreos 3:15
4. Solicitar ser bautizado. Hechos 8:36
5. Confiar plenamente en Jesús. Filipenses 4:13

Mi resolución

Reconozco que ***el Señor Jesús me llama para unirme a su iglesia.*** *Gozoso, respondo a su invitación y le entrego mi vida.*

MI RESOLUCIÓN

"Todo lo puedo en Cristo que me fortalece"
(Filipenses 4:13)

Por la gracia de Dios me propongo:

1. Aceptar a JESÚS como mi ÚNICO SALVADOR. (Hechos 4:12)
2. Abandonar el pecado, habiendo obtenido el perdón que Dios ofrece por el arrepentimiento, la confesión y la conversión. (1 S. Juan 1:9)
3. Aceptar la Biblia como única regla de fe y estudiarla diariamente con oración. (S. Juan 5:39).
4. Orar con regularidad. (Daniel 6:10)
5. Observar fielmente, por la gracia de Dios, sus mandamientos. (1 S. Juan 2:4; 3:24)
6. Guardar el sábado, no realizando en ese día ninguna tarea indebida y asistiendo al culto. (Éxodo 20:8-11)
7. Aceptar el don profético. (2 Crónicas 20:20)
8. Seguir un estilo de vida saludable, glorificando a Dios en mi cuerpo. Abstenerme de carnes inconvenientes, bebidas embriagantes y todo lo que daña mi cuerpo. (1 Corintios 6:19,20)
9. Vestir con modestia cristiana. (1 Timoteo 2:9)
10. Colaborar con Dios en el plan de los diezmos y las ofrendas. (Malaquías 3:6-9; S. Mateo 23:23)
11. Usar mis talentos para servir a Dios llevando almas a los pies de Jesús. (S. Lucas 8:38,39).
12. Aceptar la orientación de la iglesia y de sus pastores. (Hebreos 13:17).

Respuestas

LECCIÓN 1

1. *Hay un solo Dios que se manifiesta en tres personas.*
2. *La Santa Biblia dice: "Dios es espíritu".*
3. *Las tres divinas Personas son: Dios el Padre, el Hijo y el Espíritu Santo*
4. *Dios es amor.*
5. *Dios nos considera hijos suyos.*
6. *Sí. Dios se preocupa, nos escucha y cuida de nosotros.*

LECCIÓN 2

1. *Dios inspiró las Sagradas Escrituras.*
2. *Los profetas recibieron la revelación divina.*
3. *Se la compara con una lámpara.*
4. *Puede "hacernos sabios para la salvación, perfectos e instruidos para toda buena obra".*
5. *Instrucción, consuelo y esperanza.*
6. *La Santa Palabra de Dios permanecerá para siempre.*

LECCIÓN 3

1. *Por medio de la oración.*
2. *Es el acto de hablar con Dios como con un amigo.*
3. *Mucho, incluso puede sanar a los enfermos.*
4. *En el nombre de Jesús.*
5. *Sí. Jesús dijo que "todo el que pide, recibe; el que busca, halla".*
6. *Es "estar seguros de lo que esperamos".*
7. *Escuchando la Palabra de Dios.*

LECCIÓN 4

1. *Prometió que vendría otra vez.*
2. *Como una bendita esperanza.*
3. *Vendrá en forma personal y visible.*
4. *Todo ojo lo verá.*
5. *Retribuir a cada uno según sus obras.*
6. *Participarán de la primera resurrección.*
7. *Irán al cielo con Cristo.*

LECCIÓN 5

1. *Qué señales habría de su venida.*
2. *No. Nadie la conoce, ni aun los ángeles del cielo.*
3. *No, porque hay señales que la anuncian.*
4. *Serán tiempos peligrosos por el deterioro moral.*
5. *Enfriamiento del amor a causa de la maldad.*
6. *Aumentaría notablemente.*
7. *Que la venida de Cristo está próxima.*
8. *Que su venida no nos tome por sorpresa.*

LECCIÓN 6

1. *En el cielo, cuando Satanás se rebeló contra Dios.*
2. *En Lucifer, el más encumbrado de los ángeles del cielo.*
3. *Que no comieran del árbol del conocimiento del bien y del mal.*
4. *En la desobediencia al mandato de Dios.*
5. *Es la transgresión de la ley de Dios.*
6. *Al diablo.*
7. *Las Santas Escrituras dicen que "la paga del pecado es la muerte".*

LECCIÓN 7

1. *La muerte.*
2. *No. Ningún ser humano puede borrar sus pecados.*
3. *Entregó a su Hijo para que muriera en lugar de nosotros.*
4. *Diciendo que había venido "a buscar y salvar lo que se había perdido".*
5. *No. "Cristo vivió sin pecado."*
6. *La pagó con su propia vida.*
7. *La resurrección de Cristo.*

LECCIÓN 8

1. *A Jesús, y a su muerte en la cruz.*
2. *Nada. Es un don gratuito.*
3. *Reconocer que somos pecadores.*
4. *Que nos arrepintamos de nuestros pecados.*
5. *Confesarlos al Señor.*
6. *Perdonarnos y limpiarnos del pecado.*
7. *Total y absoluto.*

LECCIÓN 9

1. *Las acciones de cada uno, incluso las ocultas.*
2. *Todos compareceremos ante Dios, en el juicio.*
3. *Dios, por medio de Jesucristo.*
4. *En los libros del cielo.*
5. *Por la "Ley de la libertad".*
6. *Creyendo en Cristo y aceptándolo como nuestro Abogado.*

LECCIÓN 10

1. *Dios.*
2. *Lea detenidamente este pasaje bíblico completo.*
3. *Gratuitamente por medio de la fe.*
4. *"¡De ninguna manera! Al contrario, confirmamos la Ley".*
5. *Dar a conocer el pecado.*
6. *A Cristo*
7. *La obedeció fielmente y nos enseñó a obedecerla.*

Respuestas

8. *Ni en lo más mínimo. No cambió ni una letra ni un punto de la Ley.*

LECCIÓN 11

1. *Es el séptimo día de la semana, el sábado.*
2. *Para beneficio del hombre*
3. *Dios, en la creación.*
4. *El día sábado.*
5. *"El sábado, conforme al Mandamiento".*
6. *El día sábado.*
7. *El día sábado.*

LECCIÓN 12

1. *Reposó, lo bendijo y lo santificó.*
2. *El sexto día, es decir, el viernes.*
3. *A la puesta del sol del día viernes.*
4. *Del trabajo.*
5. *Al lugar de culto y adoración.*
6. *Obras de bien.*
7. *Que no lo desamparará ni le faltará el alimento.*
8. *Suplirá todas sus necesidades.*

LECCIÓN 13

1. *Dios los creó.*
2. *Con el sueño.*
3. *"Los muertos nada saben".*
4. *"El alma que peque, ésa morirá".*
5. *En ocasión de la segunda venida de Cristo.*
6. *No, porque es abominable al Señor.*

LECCIÓN 14

1. *Cristo*
2. *Los de ser apóstoles, profetas, evangelistas, pastores y maestros.*
3. *La misma de Cristo Jesús: enseñar, predicar y sanar.*
4. *Por dirigentes elegidos bajo la dirección del Espíritu Santo.*
5. *El ejemplo dado por Cristo.*
6. *Guarda los Mandamientos de Dios y tiene "el testimonio de Jesús".*
7. *El "testimonio de Jesús", que es "el espíritu de profecía".*

LECCIÓN 15

1. *"A sus siervos, los profetas".*
2. *Mediante visiones y sueños.*
3. *Por supuesto. La Biblia registra el caso de mujeres que fueron profetisas.*
4. *Dios puso en su iglesia apóstoles y profetas*
5. *Que existiría en la iglesia del tiempo del fin.*

LECCIÓN 16

1. *Como templo del Espíritu Santo.*
2. *Plantas, semillas y frutas.*
3. *Las de los animales que la Biblia llama "impuros".*
4. *Porque inducen a desviarse del buen camino.*
5. *Porque destruyen el templo de Dios, que es nuestro cuerpo.*
6. *Sin ostentación, decoroso, con pudor y modestia.*
7. *Porque hemos de tener pensamientos puros, justos, verdaderos y celestiales.*

LECCIÓN 17

1. *Nuestro Señor Jesucristo.*
2. *Muerte al pecado y resurrección a una nueva vida.*
3. *Enorme, porque "el que cree y es bautizado, será salvo".*
4. *El perdón de los pecados y el don del Espíritu Santo.*
5. *A la iglesia.*
6. *Una nueva vida.*

LECCIÓN 18

1. *A Dios.*
2. *Es dueño de todas las riquezas.*
3. *A Dios.*
4. *La décima parte.*
5. *De todas nuestras ganancias.*
6. *Para el sostén de los que "anuncian el evangelio".*
7. *"Bendición hasta que sobreabunde"*

LECCIÓN 19

1. *Se produce una "nueva creación".*
2. *La santificación de nuestro ser entero.*
3. *Gozarnos por ser participantes de las aflicciones de Cristo.*
4. *La Palabra de Dios.*
5. *Orando "sin cesar".*
6. *El séptimo día de la semana, que es el sábado.*
7. *Acudir al lugar de culto y adoración.*
8. *Predicar, hacer discípulos y bautizar.*
9. *Dar razón de nuestra esperanza.*
10. *De reconocimiento, estima y amor.*
11. *El Señor Jesucristo.*

LECCIÓN 20

1. *Al arrepentimiento y al bautismo.*
2. *"¡Sígueme!"*
3. *"Dejando todo, se levantó y lo siguió".*
4. *Que abramos la puerta de nuestro corazón para que él entre.*
5. *Levantarnos y bautizarnos, para ser limpios de nuestros pecados.*

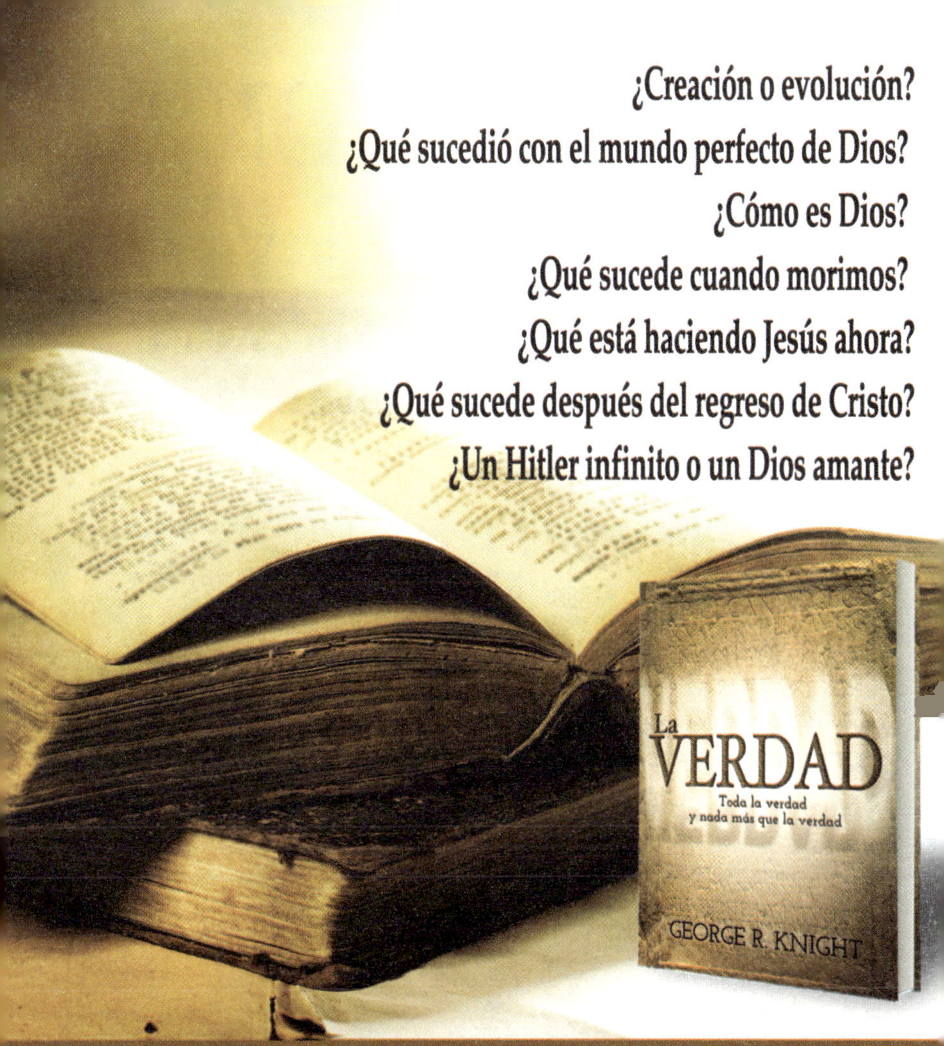

George R. Knight se basa en el único libro que contiene «la verdad, toda la verdad y nada más que la verdad», para dar respuesta a muchas de las preguntas más profundas de todos los seres humanos.

IADPA

SIN DUDA
ES HORA DE VER A Jesús
Alejandro Bullón
Cristo es la SOLUCIÓN
Alejandro Bullón
Lecturas que inspiran,
motivan y fortalecen.
Con el estilo cristocéntrico
del pastor Alejandro Bullón.
IADPA